南开法律评论

NANKAI LAW REVIEW

《南开法律评论》编辑委员会◇组编

总第十七辑

中国检察出版社

图书在版编目（CIP）数据

南开法律评论. 总第十七辑／《南开法律评论》编
辑委员会组编. —北京：中国检察出版社，2023.5
ISBN 978 - 7 - 5102 - 2836 - 0

Ⅰ. ①南… Ⅱ. ①南… Ⅲ. ①法律 - 文集
Ⅳ. ①D9 - 53

中国国家版本馆 CIP 数据核字（2023）第 047701 号

南开法律评论（总第十七辑）

《南开法律评论》编辑委员会　组编

责任编辑：史世琦
技术编辑：王英英
美术编辑：曹　晓

出版发行：中国检察出版社
社　　址：北京市石景山区香山南路 109 号（100144）
网　　址：中国检察出版社（www.zgjccbs.com）
编辑电话：（010）86423736
发行电话：（010）86423726　86423727　86423728
　　　　　（010）86423730　86423732
经　　销：新华书店
印　　刷：英格拉姆印刷(固安)有限公司
开　　本：710mm×960mm　16 开
印　　张：9.5
字　　数：172 千字
版　　次：2023 年 5 月第一版　　2023 年 5 月第一次印刷
书　　号：ISBN 978 - 7 - 5102 - 2836 - 0
定　　价：32.00 元

《南开法律评论》编委会

学术顾问（以姓氏拼音为序）：

目　录

三、法学专论

一、主题研讨

个人信息保护的元规制进路

——基于对美欧实践的检视

何泽昊[*]

摘　要： 我国个人信息保护领域的常态化规制体制亟待建立，为此需要系统利用《个人信息保护法》中的规范资源，以应对个人信息的泛化趋势。元规制（Meta - regulation），亦即"受规制的自我规制"，为此种规制体制的建立提供了理论工具。考察美国与欧盟在个人信息保护领域的规制体制，两者均具有元规制之特征。与此同时，两者也因迥异的制度设计而暴露出各自的缺陷：美国联邦贸易委员会过于谦抑的政府规制难以实质约束和激励企业的自我规制；欧盟各监管机构的政府规制实践则尚未能够匹配《一般数据保护条例》系统性的规范设计。我国个人信息保护规制体制的建构，在规范层面应以《一般数据保护条例》为参考，实现《个人信息保护法》对自我规制的全面法制化；在规制策略层面则应当批判吸收美国与欧盟的实践经验：通过"两步走"战略培育市场自律、将"命令—控制"型规制与元规制组合使用、以对科技巨擘实施监控和不利措施为基准配置规制资源。

关键词： 个人信息保护　元规制　政府规制　自我规制

一、引言

伴随《个人信息保护法》的生效，有关个人信息保护应归属于公法保护抑或私法保护的争论逐渐停息，公私并行的保护路径成为学界共识。[①] 个人信

---

　*　何泽昊，上海社会科学院法学研究所 2020 级硕士研究生。

　①　参见蒋红珍：《〈个人信息保护法〉中的行政监管》，载《中国法律评论》2021 年第 5 期。

息保护的私法路径以个人提起违约之诉或侵权之诉为外在形式。其中，违约之诉以其较重的举证责任和实践中较差的救济效果未能成为个人诉讼的主要方式，[①] 而侵权之诉在个人信息保护领域亦具有本质缺陷，包括司法救济的被动性[②]、损害的抽象性[③]、损害事实的隐蔽性和极低的诉讼意愿[④]。因此，个人信息权益与公共利益在很大程度上依赖积极有为的公法保护。在公法的授权与限制之下，政府根据公共政策目标对市场主体的行为加以控制，这是公法保护的常见形式，学者常以"政府规制"指代之。由此产生的课题是，如何设计与个人信息保护的公共政策目标、现实特点相契合的规制体制？

本文尝试引入元规制，为我国个人信息保护领域规制体制的建立提供理论指引。本文将元规制理解为"受规制的自我规制"，即公共规制者有意识地激励规制对象，使其针对公共问题作出自我规制形式的回应。在传统的"命令—控制"型规制中，规制标准的制定权力由公共规制者独揽，规制对象仅能被动地遵守标准。[⑤] 而在元规制下，规制对象为自身的行为制定标准，并进行自我监控与自我纠正，公共规制者的功能则在于增强规制对象自我规制的意愿与能力。围绕"元规制"或"受规制的自我规制"，我国学者近年来开展了一系列研究：张青波将受规制的自我规制运用于科技风险的应对上，主张自我规制具有妥适性、正当性以及与法治原则相协调的优势，其消极效应则可借助程序机制加以消除；[⑥] 金健主要以德国学说为依托，对受规制的自我规制的历史渊源、含义、运作机理作了分析，指出行政法在政府规制与自我规制的交互关系中所呈现的学习性、合作性与保障性特征。[⑦] 也有学者将元规制理论运用于个人信息保护的相关研究当中：程莹指出欧盟《一般数据保护条例》（以下简

---

① 参见孔祥稳：《论个人信息保护的行政规制路径》，载《行政法学研究》2022 年第 1 期。

② 参见邓辉：《我国个人信息保护行政监管的立法选择》，载《交大法学》2020 年第 2 期。

③ 参见田野：《风险作为损害：大数据时代侵权"损害"概念的革新》，载《政治与法律》2021 年第 10 期。

④ 参见叶名怡：《个人信息的侵权法保护》，载《法学研究》2018 年第 4 期；张新宝：《〈民法总则〉个人信息保护条文研究》，载《中外法学》2019 年第 1 期；Viktor Mayer - Schönberger, *Beyond Privacy, Beyond Rights - Toward a Systems Theory of Information Governance*, 98 California Law Review 1853 (2010), p. 1875.

⑤ 在规制领域，"标准"通常是指"用以鼓励追求或者实现特定价值、目标或结果的工具"，其范围超越了法律、行政法规、政府发布的行为指引等国家所制定的标准，也囊括了例如企业为自身制定的标准、私营标准化组织制定的标准等非国家制定的标准。参见［英］科林·斯科特：《规制、治理与法律：前沿问题研究》，安永康译，宋华琳校，清华大学出版社 2018 年版，第 66—83 页。

⑥ 参见张青波：《自我规制的规制：应对科技风险的法理与法制》，载《华东政法大学学报》2018 年第 1 期。

⑦ 参见金健：《受规制的自我规制与行政法的嬗变》，载《行政法论丛》2020 年第 25 卷。

称《条例》）运用"通过设计保护数据""风险评估与控制"等具有元规制特征的制度完善了算法的规制模式;① 张涛通过元规制理论诠释了"通过设计保护数据"这一个人信息保护领域的先进实践，论述了这一实践作为自我规制的本质及其法制化，主张将"通过设计保护数据"作为个人信息保护的基本原则与"公平信息实践"的重要补充。② 尽管相关研究成果并不鲜见，但对于元规制的理论引介及其在个人信息保护领域的考察仍存在缺口。首先，针对元规制理论在德国学界的智识成果，虽然学者予以了充分引介，但美国等学界的相关智识成果则缺乏系统展开;其次，就元规制在个人信息保护领域的引入而言，学者多将注意力集中于元规制在欧盟相关立法中的体现，而未结合经验材料考察元规制运作的实际效果;最后，学者未考察元规制在美国隐私保护实践中的运用，未能提炼出美国模式之殊相与独特的借鉴价值。本文将尝试填补以上研究空白。

本文指出，在个人信息保护领域建立常态化规制体制的关键在于利用《个人信息保护法》中的规范资源应对个人信息的泛化趋势，由此引入元规制作为达成这一目标的理论工具。对于美国与欧盟在个人信息保护领域的元规制实践，本文通过"标准制定—监控反馈机制—措施"框架分别予以了描述，并通过经验材料的梳理对其实际效果予以了检验。在此基础上，本文对我国如何在元规制的理论指引下建立常态化规制体制提出了建议。

二、常态化规制体制亟待建立

《个人信息保护法》对我国个人信息保护领域的规制体制提出了常态化的要求，专项性的规制风格亟须转型。前《个人信息保护法》时代，我国在个人信息保护领域的规制活动以移动互联网应用程序（App）等个别领域的专项规制为主:中央层面，中央网信办、工业和信息化部、公安部、市场监管总局都曾联合或者各自开展过此类规制活动;③ 地方层面，各省通信管理局也都在

① 参见程莹:《元规制模式下的数据保护与算法规制——以欧盟〈通用数据保护条例〉为研究样本》，载《法律科学（西北政法大学学报）》2019年第4期。

② 参见张涛:《大数据时代"通过设计保护数据"的元规制》，载《大连理工大学学报（社会科学版）》2021年第2期。

③ 参见《中央网信办、工业和信息化部、公安部、市场监管总局关于开展App违法违规收集使用个人信息专项治理的公告》（中央网信办公告2019年第1号）;《工业和信息化部关于开展APP侵害用户权益专项整治工作的通知》（工信部信管函〔2019〕337号）;《工业和信息化部关于开展纵深推进APP侵害用户权益专项整治行动的通知》（工信部信管函〔2020〕164号）。

工业和信息化部的组织下对活动予以了跟进。可以说，App 领域的专项规制已经成为我国个人信息保护领域政府规制的主要形式。工业和信息化部开展的 App 侵害用户权益专项整治是此类专项规制的代表，以之为样本，我们可以管窥当下个人信息保护领域规制实践的不足：

其一，专项规制模式难以回应个人信息的泛化趋势。App 侵害用户权益专项整治着眼于通过 App 进行个人信息处理的场景，初期以 App 服务提供者和 App 分发服务提供者为规制对象，自 2020 年 8 月起又将软件工具开发包（SDK）提供者纳入规制对象。① 诚然，伴随移动互联网深度嵌入公众生活，个人信息权益遭受侵害的情形在 App 场景下一度呈现泛滥之势，以专项规制在短时间内扭转局面是现实之需，但需要对个人信息权益进行保护的场景并不局限于此。应当认识到，"个人信息"的涵盖范围存在泛化的趋势，这一趋势的推动力是双重的，一方面来自《个人信息保护法》与《宪法》的关系，另一方面来自社会的数字化进程。具体而言，我国《个人信息保护法》对个人信息的定义是以电子或者其他方式记录的与已识别或者可识别的自然人有关的各种信息②。从《个人信息保护法》与《宪法》的关系着手，前者以后者为立法依据，致力于保护公民的人格尊严、通信自由与通信秘密等基本权利。③ 据此，《个人信息保护法》中的"个人信息"势必需要采取极宽泛的解释路径，以确保基本权利能够在多样化的社会场景中得到保障；以社会的数字化进程为视角，通过结合不同的个人信息来识别个人已成为当今行业的通用实践，满足个人信息"已识别或者可识别"这一要件的概率随即上升。同时，物联网、智慧型城市的部署使得物理环境被赋予数字能力，通过信息处理实时地对个人产生影响，并将物理环境中的一切信息关联到个人，满足个人信息"有关"要件的概率同样提升。可见，个人信息的范围随着社会的数字化进程愈加泛化，远远超过了通过 App 收集的个人信息的范围，目前局限于特定场景的专项规制模式难以应对这一趋势。

其二，专项规制模式未充分利用《个人信息保护法》所提供的规范资源。目前，App 侵害用户权益专项整治已经进行了 20 多个批次，在每一批次中，

① 参见《工业和信息化部关于开展 APP 侵害用户权益专项整治工作的通知》（工信部信管函〔2019〕337 号）；《工业和信息化部关于开展纵深推进 APP 侵害用户权益专项整治行动的通知》（工信部信管函〔2020〕164 号）。

② 《个人信息保护法》第 4 条第 1 款。

③ 参见张维炜、陈珊：《个人信息保护法草案等 15 部法律案将提请本次常委会会议审议》，载中国人大网 2021 年 8 月 13 日，http://www.npc.gov.cn/npc/kgfb/202108/de67efbe04e143e59a544f7e5ea9ad43.shtml。

工业和信息化部主要借助第三方检测机构在短时间内对大量 App 进行检测，督促限期整改或予以处置。尽管 App 侵害用户权益专项整治也强调对行业自律的加强，鼓励行业自律公约、技术检测标准、第三方评议机制的建立健全，但是相较于《个人信息保护法》丰富的规范资源，App 侵害用户权益专项整治仍旧呈现出手段的单调性。具体而言，《个人信息保护法》赋予公共规制者广泛的调查权力以及从谦抑到严厉的一系列处罚权力；同时，又要求规制对象履行一系列义务，这些义务给予规制对象较大的自由决定空间，包括制定内部管理制度和操作流程、进行个人信息保护影响评估、建立内部合规体系、制定平台规则、通过发布个人信息保护社会责任报告来增强外部监督等。以上执法权力与个人信息处理者的义务设计被共同规定在《个人信息保护法》中，理应按照一种体系化的方式在政府的规制活动中得到利用。在 App 侵害用户权益专项整治及同类专项规制实践中，以上诸多规范并未得到适用，相应制度设计尚付阙如。

基于以上两点观察，常态化规制体制的建立具有了评判标准和工作方向。对个人信息泛化趋势的有效应对是常态化规制体制是否建立的判断标准，考虑到政府规制不可避免地受到有限资源的掣肘，规制体制需要对个人信息的扩张趋势作出合理回应。据此，工业和信息化部等公共规制者需要将《个人信息保护法》中规范资源的系统化运用作为建立常态化规制体制的工作方向。因此，如何系统利用《个人信息保护法》中的规范资源应对个人信息的泛化趋势成为建立常态化规制体制的逻辑出发点。

三、元规制：理论优势与方法坐标

（一）作为理论回应的元规制

规制领域总体而言缺少标准化的术语，[①] 因此有必要专门对"元规制"作出符合本文语境的界定。本文将元规制理解为"受规制的自我规制"，即公共规制者有意识地激励规制对象，使其针对公共问题作出自我规制形式的回应。在本文的语境下，自我规制既包括"个体性自我规制"，即单个市场主体的自

---

① 有学者编列了不同作者用来指称同一规制模式的许多不同术语。See Kenneth R. Richards, *Framing Environmental Policy Choice*, 10 Duke Environmental Law & Policy Forum 221（2000），p. 221 - 285.

我规制，也包括"集体性自我规制"，即数个市场主体形成社群并进行自我规制。① "元规制"这一术语由学者格拉波斯基（Peter Grabosky）提出，后来由帕克（Christine Parker）和布莱斯韦特（John Braithwaite）进一步阐述。② 其中，帕克围绕元规制这一理论开展了迄今最为精致的规范性研究，以企业社会责任为具体领域，回答了政府如何以阶段性的方式，将企业社会责任内化到企业实践当中，使其成为良好的"企业公民"。③

对于个人信息的泛化趋势，元规制是一个十分契合的理论回应。元规制作为理论工具的正当性与根本原因在于，规制对象常常掌握着良好规制的核心资源，因此公共规制者的功能在于采取各种策略，激励规制对象将此种资源投入公共政策目标的实现当中。目前以工业和信息化部等政府部门为主要担纲者的规制实践，一经踏出 App 等少数领域，必然会被泛化的个人信息所带来的急剧增长的权益保护需求所淹没，造成物质资源，尤其是信息资源的紧张态势：一方面，政府不可能依照个人信息的泛化趋势无限度地扩充人员和设备；另一方面，腾讯、阿里巴巴等具有技术霸权的科技巨擘掌握了尖端的技术信息，并据此形成技术权力。诚然，公共规制者可以通过内部及外部专业人员的协助，增进对技术信息的理解，但此种理解难以匹敌作为技术信息生产者的企业自身。在此情形下，只有通过政府规制激励个人信息处理者作出自我规制式的回应，自觉将其物质与信息资源投入规制过程中，工业和信息化部等政府部门的规制资源压力才能得到缓解，规制的效能才能得到提高。据此，元规制具有应对个人信息泛化趋势的潜力。

理论想象必须通过精密的制度设计才能成为良好的现实秩序。如何通过元规制这一理论对《个人信息保护法》中的规范资源予以体系化地适用并指导规制实践？对这一问题的回答需要从理论层面深入到制度设计层面，看到元规制下规制体制建构的种种可能方案。

（二）建构元规制的方法坐标

有效的规制体制包括三个要素：（1）标准，包括法律、行政立法等国家

---

① 元规制的过往研究多将视角局限于个体性自我规制，认为元规制的目标就是要通过政府规制在组织体中建立内部管理系统，而对集体性自我规制则缺乏关注，后者包括了认证机制、行为准则等，在个人信息保护领域具有重要影响，故本文也加以讨论。关于个体性自我规制与集体性自我规制的区分，参见 Julia Black, *Constitutionalising Self - Regulation*, 59 The Modem Law Review 24 （1996）, p. 26。

② See John Braithwaite, *Meta Risk Management and Responsive Regulation for Tax System Integrity*, 25 Law & Policy 1 （2003）, p. 1.

③ See Christine Parker, *The Open Corporation: Effective Self - regulation and Democracy*, Cambridge University Press, 2014, p. 245 - 291.

制定的标准，也包括行业行为准则等非国家主体制定的标准；（2）监控和反馈机制；（3）某种形式的措施，根据既定的目标对控制变量进行调整。① 从以上三个要素出发，并结合帕克有关元规制的相关论述，可以为元规制的建构提供方法坐标与分析框架。

元规制最核心的特征是标准制定的公私协作性，换言之，规制对象所需要遵守的标准并非全部由国家及政府制定，而主要或者部分由规制对象自己制定。尽管如此，以法律为典型的国家制定标准在元规制的建构中具有关键地位。首先，立法本身就代表了元规制最为谦抑的形式。有案例表明，为了避免法律规制介入的可能，规制对象会积极证明自我规制的有效性。② 其次，在没有法律背书的情况下，公共规制者对于规制对象自我规制的倡议会在公正性层面受到质疑，并被公众解读为公共规制者向规制对象的退让，③ 因此公共规制者的可归责性需要通过法律得到保障。最后，规制体制的监控与反馈机制、规制体制对标准违反行为的回应机制都需要法律直接或者间接地塑造。从规制标准的具体形态观之，国家及政府所制定的正式性标准具有"严密"和"松散"两种形态，两者分别对应规制对象较小或者较大的标准形成空间。④ 例如，法律或行政立法可以对规制对象自我规制的制度要点作出规定，进而对规制对象的自我规制施加更多限制，也可以仅仅就公共政策目标予以原则性规定，进而充分保障规制对象标准形成的自由度。

在监控和反馈机制层面，元规制强调规制对象自我监控的重要性以及纳入多元监控主体的重要性。典型的制度设计，例如规制对象必须定期对其自我规制的实际效果进行自我评估和披露，而公共规制者及其他利益相关方则对规制对象的自我评估结果进行评估（即元评估），以确认元规制的实际效果。⑤

基于监控反馈的结果，公共规制者需要对不同规制对象采取不同的措施。⑥ 此种措施的设计至少应当基于规制对象的两类信息：自我规制动机的强弱与自我规制能力的高低。公共规制者可以根据规制对象自我规制动机的强弱

① 参见［英］科林·斯科特：《规制、治理与法律：前沿问题研究》，安永康译，宋华琳校，清华大学出版社 2018 年版，第 114 页。

② 本文第三章将对此予以论述。

③ See Christine Parker, *The Open Corporation*：*Effective Self - regulation and Democracy*, Cambridge University Press, 2014, p. 256.

④ 参见谭冰霖：《论政府对企业的内部管理型规制》，载《法学家》2019 年第 6 期。

⑤ See Christine Parker, *The Open Corporation*：*Effective Self - regulation and Democracy*, Cambridge University Press, 2014, p. 277 - 279.

⑥ See Neil Gunningham, Peter Grabosky, Darren Sinclair, *Smart Regulation*：*Designing Environmental Policy*, Oxford University Press, 1998, p. 402.

采取正向或反向激励。例如，根据规制对象在违法行为发生前是否实施有效的自我规制来调整其责任类型和幅度、将实施有效的自我规制作为规制对象违法情形下减轻责任的条件、① 将实施自我规制作为行政许可的条件、将实施有效自我规制作为给予额外的规制灵活性的条件②；根据规制对象自我规制能力的高低，公共规制者可以采取学习与传播两类措施，具体而言，少数作为行业标杆的规制对象在自我规制方面具有先进技能，公共规制者可以学习此种先进技能，并通过建议、咨询等手段将此种先进技能传播给自我规制能力较为逊色的规制对象。③ 公共规制者对不同规制对象所采取的措施应当是综合考虑以上两类信息的结果。

从规制体制的三个要素着手，以上讨论为元规制的制度设计提供了方法坐标，但现实中的制度设计则有可能部分偏离。必须强调的是，以上三个要素并不是像选取自助餐一样被任意组合在一起，而是需要通过公共政策目标加以整合，因此依赖于公共规制者、规制对象与利益相关方对于公共政策目标有共识性的理解。依托经验研究，赛蒙（F. C. Simon）指出以上三者作为各自封闭运作的社会子系统，对于公共政策目标很难达成共识性的解读，由此产生的政策不确定性会导致元规制产生预料之外的负向作用。④ 无独有偶，海恩斯（Fiona Haines）认为，若要使元规制获得成功，需要解决的问题必须被严格地界定，充分的政治支持必须得到保障。⑤ 据此，元规制的建构应当包含某种沟通机制，以确保公共政策目标能够成为贯穿不同社会系统的回声壁。

四、元规制建构的美欧实践

根据"标准制定—监控反馈机制—措施"框架，美国联邦贸易委员会（以下简称 FTC）在消费者隐私领域的政府规制高度依附于企业的自我规制，

---

① See Christine Parker, *The Open Corporation*：*Effective Self - regulation and Democracy*, Cambridge University Press, 2014, p. 256 - 267.

② See Christine Parker, *Meta - Regulation*：*Legal Accountability for Corporate Social Responsibility*, in D. McBarnet, A. Voiculescu, T. Campbell eds., The New Corporate Accountability：Corporate Social Responsibility and the Law, Cambridge University Press, 2007, p. 219 - 220.

③ See Christine Parker, *The Open Corporation*：*Effective Self - regulation and Democracy*, Cambridge University Press, 2014, p. 248.

④ See F. C. Simon, *Meta - Regulation in Practice*：*Beyond Normative Views of Morality and Rationality*, Routledge, 2017, p. 45 - 48.

⑤ See Fiona Haines, *Regulatory Failures and Regulatory Solutions*：*A Characteristic Analysis of the Aftermath of Disaster*, 34 Law & Society Inquiry 31 (2009), p. 39.

导致国家制定标准的缺位以及企业自我规制动机的缺乏；而欧盟《条例》则对个人信息保护领域的自我规制实践予以了全面法制化，但欧盟监管机构实际的规制活动尚未能够匹配《条例》系统性的制度设计。

（一）元规制建构的美国实践及其检视

1. 附属于自我规制的政府规制

美国在消费者隐私保护领域采取了以自我规制为纲、谦抑的元规制实践。① 美国互联网产业于 90 年代快速发展，线上行为追踪技术的广泛运用与数据库产业的快速增长引发了消费者隐私保护的忧虑。同时，美国在消费者隐私保护领域采取了碎片化的立法方式，仅就特定隐私问题专门立法，因此行业的自我规制成为这一领域的主要规制模式。② FTC 针对行业的自我规制采取了一定限度的规制措施，这些措施依据时间先后划分为两个步骤：

第一步，FTC 以专门法律的出台相威胁，刺激行业证明自我规制的有效性。1998 年，FTC 在向国会提交的报告中影射，如果行业后续不能采取有效的自我规制，将建议国会采取立法行动。③ FTC 的此种做法并不借助实际存在的法律，而是借助出台法律对于规制对象可能产生的不利后果来促使自我规制的产生。此举对互联网产业产生巨大影响，企业纷纷实施自我规制以避免潜在法律的出台，④ 对自我规制诸种手段的使用正是在这一时期得到增长。这些自我规制手段主要有以下三种：第一种，隐私政策，即网站将个人信息的收集、使用、披露之方式向用户通知并提供接受或拒绝选项，用户可据此实现其选择权，又称"通知—选择"机制。⑤ 此种隐私政策的制定并非法律的强制性要求，企业可以自行决定是否以及如何制定隐私政策。第二种，认证机制，认证项目方事先制定有关线上隐私保护的规则，寻求认证的企业可以通过自愿遵守这套规则并缴纳认证费用的方式来得到认证，并在其网站中展示相应的认证标

① 消费者隐私属于美国信息隐私保护的范畴，诚然，美国对信息隐私的保护与欧盟等国对个人信息（个人数据）的保护存在一定差异，但为了研究方便，本文暂且忽略这些差异。

② See Daniel J. Solove，Paul M. Schwartz，*Information Privacy Law*，Wolters Kluwer，2021，p. 1367 – 1368.

③ See FTC，*Privacy Online：A Report to Congress*，The Official Website of FTC（June 1998），https：//www. ftc. gov/sites/default/files/documents/reports/privacy – online – report – congress/priv – 23a. pdf.

④ See Robert Gellman & Pam Dixon，*Many Failures：A Brief History of Privacy Self – Regulation in the United States*，World Privacy Forum（Oct. 14，2011），http：//www. worldprivacyforum. org/www/wprivacyforum/pdf/WPFselfregulationhistory. pdf.

⑤ See Daniel J. Solove & Paul M. Schwartz，*Information Privacy Law*，Wolters Kluwer，2021，p. 1378.

识，通常认证项目方会对被认证的企业进行监督并向消费者提供一定的申诉渠道。① 传统上，企业对认证项目规则的遵守完全出于自愿，其寻求认证的主要目的则是通过提高消费者对其在隐私方面的信任来增强市场竞争力。② 第三种，行业行为准则，亦即数个企业自发组成行业组织，通过制定内部的行为规范来实现行业的自我规制。

第二步，FTC 在充分尊重自我规制的前提下，开展有限的、柔性的执法行动。《联邦贸易委员会法》第 5 条禁止"在商业中或影响商业的不公平或欺骗性行为或实践"③，这为美国消费者隐私保护领域提供了极为稀缺的法律保障。据此，FTC 可以将消费者隐私保护领域特定的自我规制实践认定为不公平或者具有欺骗性并展开执法行动。这种执法行动的对象涉及了隐私政策和认证项目，例如，当企业的行为与其隐私政策不一致，④ 或者认证项目没有按照承诺对其认证的企业进行年检，谎称自己是非盈利项目。⑤ 但此种执法行动具有有限性，隐私政策的制定完全出于企业自愿，如果企业不制定此种隐私政策，FTC 的执法行动就无从展开。⑥ 认证机制同理，对于认证机制的具体设计、认证规则的制定、对企业的具体认证行为，认证项目都有其充足的自由，FTC 不可能对认证项目未作承诺之事项进行执法。此外，FTC 的执法行动是相对柔性的，这体现在 FTC 在消费者隐私领域的绝大多数执法行动都以和解协议的方式结束。⑦ 在有理由相信欺骗或者不公平贸易行为之存在时，FTC 会向相关主体提出指控，相关主体既可以通过司法程序反对该指控，也可以和 FTC 达成和解协议，即相关主体放弃提起司法审查的权利。⑧ 在消费者隐私保护相关执

---

① See Nora J. Rifon, Robert LaRose & Sejung Marina Choi, *Your Privacy Is Sealed*: *Effects of Web Privacy Seals on Trust and Personal Disclosures*, 39 The Journal of Consumer Affairs 339 (2005), p. 341 – 342.

② See Anthont D. Miyazaki & Sandeep Krishnamurthy, *Internet Seals of Approval*: *Effects on Online Privacy Policies and Consumer Perceptions*, 36 The Journal of Consumer Affairs 28 (2002), p. 31.

③ Federal Trade Commission Act § 5, 15 U. S. C. § 45 (a) (1) (2012).

④ See Daniel J. Solove & Paul M. Schwartz, *Information Privacy Law*, Wolters Kluwer, 2021, p. 1459.

⑤ See FTC, *TRUSTe Settles FTC Charges it Deceived Consumers Through Its Privacy Seal Program*, The Official Website of FTC (Nov. 17, 2014), https://www.ftc.gov/news – events/press – releases/2014/11/truste – settles – ftc – charges – it – deceived – consumers – through – its.

⑥ See Daniel J. Solove & Woodrow Hartzog, *The FTC and the New Common Law for Privacy*, 114 Columbia Law Review 583 (2011), p. 599.

⑦ See Daniel J. Solove & Woodrow Hartzog, *The FTC and the New Common Law for Privacy*, 114 Columbia Law Review 583 (2011), p. 606.

⑧ See FTC, *A Brief Overview of the Federal Trade Commission's Investigative*, *Law Enforcement*, *and Rulemaking Authority*, The Official Website of FTC (May 2021), https://www.ftc.gov/about – ftc/what – we – do/enforcement – authority.

法案例中，企业往往会考虑到诉讼成本、通过诉讼程序反对指控较低的成功率、和解协议对违法性的排除这三个因素而选择与 FTC 和解，FTC 则通过和解协议要求企业采取特定的隐私实践。①

2. 对美国元规制实践的检视：告别谦抑之治

以"标准制定—监控反馈机制—措施"框架观之，FTC 在消费者隐私领域的元规制实践存在过于谦抑的问题。在标准制定领域，FTC 强烈依赖企业自身的标准制定，其自身所制定的标准则严重缺位，这使得 FTC 无法有效应对自我规制实践出现的诸多问题；此外，FTC 没能采取高效的监控反馈机制以及有实质威慑力的措施，致使企业缺乏保护用户隐私的真实动机。

在标准制定领域，FTC 过于谦抑的标准制定导致了两方面问题。第一，企业有权不采取任何自我规制手段，而 FTC 对此无能为力。对此可加佐证的是，随着立法威胁的消逝，原先制定各种行业行为准则的行业组织失去了继续维持的动力，纷纷停止运作。② 另一佐证来自于隐私政策实践，对于 FTC 早期执法效果的研究表明，在面向消费者的样本网站中，有近三分之一没有出示其隐私政策。③ 当企业自我规制的承诺并不存在时，FTC 失去了采取任何执法行动的可能。第二，FTC 难以弥补自我规制手段自身存在的结构性缺陷。隐私政策便是存在结构性缺陷的典型。隐私政策以"公平信息实践"的理念为基础，强调个人对其隐私的控制。然而，用户与企业之间具有不对称的信息地位，且用户在做出隐私决策时常常缺乏理性，这两个因素使得个人难以通过隐私政策做出符合其真实期望的决策。④ 尽管 FTC 通过和解协议丰富了不公平或欺骗性行为或实践的意涵，发展出一系列有关隐私实践的具体规则，例如，禁止隐私政策文本的模棱两可或自相矛盾、禁止企业单方面变更隐私政策等，⑤ 但这些规则难以跳脱出隐私政策的"通知—选择"结构，因此无力增进用户做出真实选择。

---

① See Daniel J. Solove & Woodrow Hartzog, *The FTC and the New Common Law for Privacy*, 114 Columbia Law Review 583 (2011), p. 611 – 619.

② See Robert Gellman & Pam Dixon, *Many Failures: A Brief History of Privacy Self - Regulation in the United States*, World Privacy Forum (Oct. 14, 2011), http://www.worldprivacyforum.org/www/wprivacyforum/pdf/WPFselfregulationhistory.pdf.

③ See Mary J. Culnan, *Protecting Privacy Online: Is Self - Regulation Working?*, 19 Journal of Public Policy & Marketing 20 (2000), p. 24.

④ See Lindsey Barrett, Model (ing) *Privacy: Empirical Approaches to Privacy Law & Governance*, 35 Santa Clara High Technology Law Journal 1 (2018), p. 17 – 26.

⑤ See Dennis D. Hirsch, *The Law and Policy of Online Privacy: Regulation, Self - Regulation, or Co - Regulation?*, 34 Seattle University Law Review 439 (2011), p. 459.

在监控反馈机制及措施领域，FTC 的谦抑性致使企业缺乏实质保护用户隐私的动机。根据《联邦贸易委员会法》，FTC 拥有广泛的调查权力。[①] 但事实上，FTC 对企业违反自我规制承诺的发现高度依赖于消费者的非正式投诉、媒体等外部渠道和偶然渠道，[②] 有理由相信此种监控反馈机制遗漏了大量没有充分遵守其自我规制承诺的"漏网之鱼"；此外，FTC 高度依赖和解协议来约束企业的自我规制实践，这一措施排除了企业行为的违法性，因此对企业的威慑力存疑。由此产生的问题是，在 FTC 孱弱的监控反馈机制和有限的措施下，企业是否具有足够的动机给予个人隐私以真实的关切，抑或企业仅仅将自我规制手段视为一种欺骗用户、打发 FTC 的工具？经验研究给出了消极的回答。以认证项目为例，相关研究发现此类项目的内部监控机制常常浮于表面，无法提高企业的隐私保护水平；[③] 另有研究发现，获得特定认证的企业所出示的隐私政策常常并不符合这一认证项目的要求；[④] 甚至有研究表示，在特定认证项目下，经过认证的企业相比未经认证的企业常常具有更差的隐私实践。[⑤] 对于行为准则的研究结果也不例外，一个企业是否加入制定行为准则的行业组织，与其隐私实践的优劣并无可察觉的关联。[⑥] 可见大量的企业并不是真心诚意地进行自我规制，而仅仅将其作为一种面对用户和 FTC 的表演行为。

晚近以来，FTC 增强了标准制定能力，但是单薄的法律基础使此种做法缺乏合法性和可持续性。FTC 已经意识到自身在约束企业自我规制方面的不足，因此其角色愈发从企业制定标准的外部强制者转向积极的标准制定者。具体而言，通过在执法中扩展"不公平或欺骗性行为或实践"的内涵，FTC 不再将企业自身制定的标准作为执法的唯一依据，而是将影响消费者期望的多种因素，例如，消费者的背景、行业惯常实践、产品设计等纳入执法考虑，并通过

---

① See Federal Trade Commission Act § 46（a）.

② See FTC, *Performance & Accountability Report Fiscal Year* 2012, The Official Website of FTC（Nov. 15, 2012）, http：//www. ftc. gov/sites/default/files/documents/reports/federal – trade – commission – performance – and – accountability – report/2012parreport. pdf.

③ See Robert LaRose & Nora J. Rifon, *Your Privacy Is Assured – of Being Disturbed：Websites with and without Privacy Seals*, 8 New Media and Society 1009（2006）, p. 1024 – 1025.

④ See Florencia Marotta – Wurgler, *Self – Regulation and Competition in Privacy Policies*, 45 Journal of Legal Studies S13（2016）, S37.

⑤ See Benjamin Edelman, *Adverse Selection in Online "Trust" Certifications and Search Results*, 10 Electronic Commerce Research and Applications 17（2011）, 20；See also, Siona Listokin, *Industry Self – Regulation of Consumer Data Privacy and Security*, 32 John Marshall Journal of Information Technology and Privacy Law 15（2016）, p. 26.

⑥ See Siona Listokin, *Industry Self – Regulation of Consumer Data Privacy and Security*, 32 John Marshall Journal of Information Technology and Privacy Law 15（2016）, p. 26.

具有前后一致性的、公开的和解协议来确立标准，引导企业的行为。① 但 FTC 通过极宽泛的解释来弥补法律的缺位以增强其标准制定能力的做法是否具有合法性仍然存疑。其原因在于，FTC 对企业的执法行动几乎都以和解协议告终，这意味着 FTC 对"不公平或欺骗性行为或实践"的判断几乎不受到法院的司法审查。另一个与之相联系的疑虑是，这种不受限制的解释权既然缺乏合法性，那么长久来看，《联邦贸易委员会法》第 5 条不可能为 FTC 的标准制定能力提供支持，在缺乏统一立法的背景下，FTC 扩充自身标准制定能力的做法不具有可持续性。

（二）元规制建构的欧盟实践及其检视

1. 《条例》对自我规制的全面法制化

《条例》对个人信息保护领域的主流自我规制手段予以了全面法制化，这使得《条例》成为一部"元规制法"。《条例》中具有元规制特征的制度可以分为两部分：其一，系属个体性自我规制的数据保护影响评估制度，控制者和处理者的自我规制还得到"实施适当的技术和组织措施"与"通过设计保护数据"的原则性条款的保障；其二，系属集体性自我规制的行为准则和认证机制。以下将根据"标准制定—监控反馈机制—措施"框架对《条例》中的元规制建构加以论述。

《条例》采取了严密型的标准制定方式，在肯定控制者和处理者标准形成空间的同时又施加了诸多的限制。《条例》对个体性自我规制的法制化包括：第一，控制者和处理者都需要"实施适当的技术和组织措施"以确保对《条例》的遵守，原则上肯定了控制者和处理者自行制定标准的空间，但此种技术和组织措施必须考虑多种因素，包括处理行为的性质、范围、环境、目的以及可能对自然人的权利和自由带来的风险和损害等。② 第二，控制者需要承担"通过设计保护数据"的一般义务。③ 该义务同样要求控制者实施适当的技术和组织措施，但更加聚焦在对应用、服务或产品进行开发、设计、选择和使用的场景。④ 第三，当一种处理行为可能会对自然人的权利和自由产生高风险时，控制者须进行数据保护影响评估。这一制度源于隐私影响评估制度，即"对一个计划、政策、项目、服务、产品或其他倡议对隐私的影响予以评估，

---

① See Daniel J. Solove & Woodrow Hartzog, *The FTC and the New Common Law for Privacy*, 114 Columbia Law Review 583 (2011), p. 667.

② See GDPR, Art. 24 (1), Art. 28 (1), Art. 32 (1).

③ See GDPR, Art. 25 (1).

④ See GDPR, Rec. 78.

并且向利益相关者咨询，采取必要的补救措施，以避免或尽量减少负面影响的方法"，尽管特定的法域将此种评估作为公共主体的法定义务，更广泛的私人主体则将此种评估的实施作为其自由决定的事项，亦即隐私影响评估大体作为一种自我规制实践存在于行业中。① 数据保护影响评估可被视为隐私影响评估的法制化，《条例》一方面规定控制者需要利用其内部资源评估风险，并提出处理风险的预想方案；另一方面对需要评估的情形、评估的内容、需要向监管机构咨询的情形和程序等予以了限定。② 在集体性自我规制层面，"代表各类数据控制者或处理者的机构和协会可以起草行为准则，也可以修改或扩展这些准则来明确本条例的适用"，相应的限制则涉及：（1）有权机关对行为准则的批准；（2）对行为准则的遵守情况予以监控的机构需要满足特定条件并得到监管机构认可；（3）监管机构有权撤销认证等。③ 此外，《条例》鼓励非政府主体建立认证机制，但是相应的限制则主要包括：（1）签发认证的期限；（2）认证机构自身需要满足一定要求以获得认可等。④ 通过对自我规制的纳入和限制，相对严密的标准制定格局由此形成。

对应公私协作的标准制定，《条例》中的监控反馈机制也囊括了从公到私的多方主体，涉及监管机构、社群、单个控制者或处理者。此处需要引入"可归责性"的概念，可归责性既是个人信息处理的原则之一，也体现在《条例》的诸多具体制度当中。根据可归责性原则的要求，控制者不仅要遵守其义务，还要对其遵守加以证明。《条例》正是通过可归责性将不同监控主体及其迥异的监控行为加以整合：首先，为证明对《条例》有关个人数据处理基本原则以及数据主体权利的相关义务的遵守，控制者或处理者应当进行个体性自我规制，亦即采取包含自我评估机制的适当技术和组织措施，控制者还需在特定情形下进行数据保护影响评估。⑤ 由此，监管机构对控制者或处理者行为的直接监控被部分转化为对控制者或处理者自我评估结果的监控。其次，控制者或处理者可以通过参与集体性自我规制来证明其个体性自我规制符合《条例》的要求。⑥ 在《条例》中，行为准则和认证机制作为一种可归责性工具存

---

① Reuben Binns, *Data protection impact assessments: a meta - regulatory approach*, 7 International Data Privacy Law 22 (2017), p. 24.

② See GDPR, Art. 35, Art. 36.

③ See GDPR, Art. 40, Art. 41.

④ See GDPR, Art. 42, Art. 43.

⑤ See GDPR, Art. 24 (1), Art. 28 (1); Rec. 90.

⑥ See GDPR, Art. 24 (3), Art. 25 (3), Art. 28 (5), Art. 32 (3), Art. 35 (8).

在，为控制者和处理者的行为提供了"推定的合规性"。[①] 通过行为准则和认证机制，对控制者或处理者个体性自我规制的监控可部分由代表社群的第三方主体完成，而监管机构只需对这些数量相对较少的第三方主体进行监控即可，监管机构对控制者或处理者自我评估结果的监控因此可以部分转化为对代表社群的第三方主体的监控。从监管机构对控制者或处理者行为的直接监控，到监管机构对控制者或处理者自我评估结果的监控，再到监管机构对代表社群的第三方主体的监控，监管机构的监控压力依次降低，其原理在于：行为监控对监管机构的物质及信息资源要求极高；相较之下，对自我评估结果的监控借助了控制者或处理者的内部资源，监控压力随即降低；而代表社群的第三方主体作为处在监管机构与数量庞大的控制者和处理者之间的角色，数量有限且承担了部分对控制者或处理者的监控任务，因此监管机构对这些第三方主体予以监控的压力要更加少于对数量庞大的控制者或处理者自我评估结果的监控。《条例》以可归责性加以整合的监控反馈机制如下图所示。

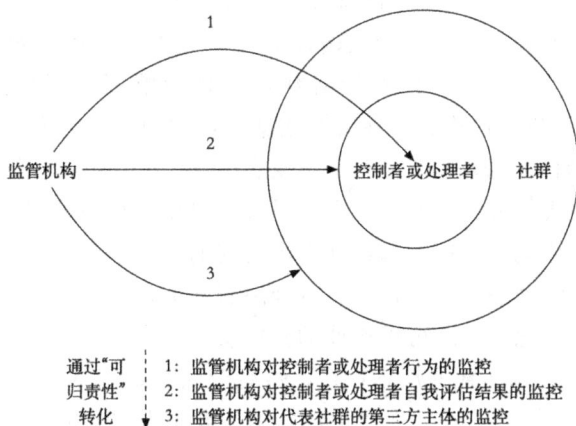

《一般数据保护条例》中的监控关系图

根据监控反馈的结果，监管机构可以对不同的控制者、处理者及代表社群的第三方主体采取不同的措施，这依托于监管机构广泛的职责和权力。根据《条例》第 57 条，监管机构承担了 22 项职责，包括"完成任何其他有关个人数据保护的任务"这一兜底条款；同时，《条例》第 58 条规定了监管机构广泛的权力，包括调查的权力、纠正的权力、授权与建议的权力，这些权力在很

---

① Eric Lachaud, *What GDPR tells about certification*, 38 Computer Law & Security Review 1（2020），p. 7.

大程度上是裁量性的。《条例》第 83 条特别强调，在个案中决定是否处以行
政罚款以及罚款的数额时，应当考虑到控制者和处理者所实施的技术性或组织
性措施，以及对受认可的行为准则和认证机制的遵守情况，反映出以反向激励
强化控制者和处理者自我规制动机的政策考虑。监管机构通过选择或组合使用
其各项权力，可以实现不同强度的激励，促使控制者、处理者及其社群自我规
制动机和技能的提升。

根据"标准制定—监控反馈机制—措施"框架，本文对《条例》中所包
含的元规制设想予以了阐述。但正如前文所言，元规制要发挥其作用需要通过
公共政策目标加以整合，而公共规制者与规制对象常常对公共政策目标具有不
同的理解。《条例》中的数据保护官制度具有弥合此种差异性理解的潜力，这
源于数据保护官所具有的双重角色：一方面，数据保护官是控制者或处理者的
员工或服务合同的相对方，在控制者或处理者内部完成任务并直接向最高管理
层报告；① 另一方面，数据保护官在控制者或处理者内部独立地完成其任务，
这些任务无关控制者或处理者的盈利，而基本与监管机构所追求的公共政策目
标相吻合，亦即根据《条例》及欧盟成员国的数据保护条款对控制者或处理
者进行通知、建议、监督，以及针对数据保护影响评估提供建议并进行监
督。② 通过与监管机构协作，并在有关数据处理的问题中充当监管机构的联络
点，③ 数据保护官可以被理解为一种"规制中介"。"规制中介"是指任何以
直接或间接的方式与公共规制者结合并对规制对象的行为施加影响的角色，数
据保护官作为监管机构与控制者或处理者之间的规制中介，可以将监管机构对
于公共政策目标的理解传达到控制者或处理者内部，并根据此种理解，将原则
性的元规制条款转化为具有可操作性的具体实践。④

2. 对欧盟元规制实践的反思：行动落后于规范

理论上讲，《条例》极具理性化色彩的元规制设想能够在相当程度上减轻
监管机构的规制压力。但现实恰恰相反，不论是欧盟的官方文件还是民间组织
的研究报告都指出欧盟个人信息保护体制的规制资源危机。欧洲数据保护委员
会于 2019 年发布的评估报告中提到，在接受询问的 17 个数据保护机构中，大
部分数据保护机构表示其需要增加百分之三十到百分之五十的预算，但此类请

① See GDPR, Art. 37 (6), Art. 38 (3).
② See GDPR, Art. 39 (1).
③ See GDPR, Art. 39 (1) (d) (e).
④ See Kenneth W. Abbott, David Levi - Faur & Duncan Snidal, *Theorizing Regulatory Intermediaries*: *The RIT Model*, 670 The Annals of the American Academy of Political and Social Science 14 (2017), p. 19, p. 22.

求几乎都没有得到满足；该报告也提到，基于数据保护机构广泛的职权，各数据保护机构的人力资源需要得到加强。① 爱尔兰公民自由理事会更是于2021年发布的报告标题中直言："欧盟的执法瘫痪"②。该报告指出欧盟数据保护机构普遍存在技术人员稀缺与预算不足的问题，并且欧盟数据保护委员会缺少判断《条例》是否得到正确适用所需要的信息。该报告尤其指出，爱尔兰的数据保护机构因为缺少资源，未能就重大跨境案件提交决定草案，阻滞了针对科技巨头的执法行动。其他组织，如非营利组织 Access Now 和主打网络隐私功能的浏览器 Brave 所发布的报告也表达了相同的忧虑。③ 本文认为，《条例》的元规制设想未能变为现实中良好规制秩序的因素有两个：

第一，监管机构的资源配置未达到元规制体制能有效运行的最低限度。这一状况在爱尔兰尤为严重，诸多科技巨擘在爱尔兰设立了分部，有的负责整个欧洲的业务，有的甚至负责除美国以外全球市场的数据收集，④ 相比之下，爱尔兰的数据保护机构仅配备了不超过 30 名的专业技术人员⑤。诚然，元规制以缓解政府规制的资源压力为主要优势，但这不代表元规制对规制资源的充足性毫无要求，规制资源应当足以对少数科技巨擘采取不利措施，从而通过实质性的威慑激发此类企业进行自我规制的动机。具体而言，以谷歌、脸书为代表的科技巨擘常常是行业规则的主导者，实际发挥着行业"立法者"的作用，并隔绝集体性自我规制的影响。因此，政府规制成为此类科技巨擘采取自我规

---

① See European Data Protection Board, *First overview on the implementation of the GDPR and the roles and means of the national supervisory authorities*, The Official Website of EDPB（Dec. 16, 2021）, https：// www. europarl. europa. eu/meetdocs/2014_ 2019/plmrep/COMMITTEES/LIBE/DV/2019/02－25/9_ EDPB_ report_ EN. pdf.

② See Irish Council for Civil Liberties, *Europe's Enforcement Paralysis：ICCL's 2021 Report on the Enforcement Capacity of Data Protection Authorities*, ICCL（Dec. 16, 2021）, https：//www. iccl. ie/wp－content/uploads/2021/09/Europes－enforcement－paralysis－2021－ICCL－report－on－GDPR－enforcement. pdf.

③ See AccessNow, *Two Years under the EU GDPR：an Implementation Progress Report*, AccessNow （Dec. 16, 2021）, https：//www. accessnow. org/cms/assets/uploads/2020/05/Two－Years－Under－GDPR. pdf; See also Brave, *Europe's Governments are Failing the GDPR：Brave's 2020 Report on the Enforcement Capacity of Data Protection Authorities*, Brave（Dec. 16, 2021）, https：//brave. com/wp－content/uploads/ 2020/04/Brave－2020－DPA－Report. pdf.

④ See William McGeveran, *Friending the Privacy Regulators*, 58 Arizona Law Review 959（2016）, p. 990－991.

⑤ See Irish Council for Civil Liberties, *Europe's Enforcement Paralysis：ICCL's 2021 Report on the Enforcement Capacity of Data Protection Authorities*, ICCL（Dec. 16, 2021）, https：//www. iccl. ie/wp－content/uploads/2021/09/Europes－enforcement－paralysis－2021－ICCL－report－on－GDPR－enforcement. pdf.

制的动机来源。当政府规制的资源过度紧缺，以至于针对少数科技巨擘高强度的监控和不利措施都不具有现实可能时，此类企业不太可能采取有效的自我规制。元规制通过强调规制对象的自我规制来缓解政府规制的资源压力，但为了激励企业的自我规制，政府又需要调动较为充足的规制资源，由此产生的悖论需要通过进一步的制度设计与制度实施予以化解。

第二，自《条例》生效至今，符合《条例》期望的现实秩序仍在逐步探索、整合与建设的过程中。首先，从需要转化为成员国国内法的《数据保护指令》（以下简称《指令》）到直接适用于成员国的《条例》，成员国各具风格的政府规制与行业自律势必需要经过调试和整合。例如，爱尔兰在个人信息保护领域长久以来具有柔性的规制风格，与美国 FTC 在信息隐私领域的做法十分类似，[①] 但《条例》对控制者和处理者提出了更高的义务要求，这使得爱尔兰在个人信息保护领域的政府规制体制亟待改革，需要转向对自我规制有更强控制力的角色；宏观来看，欧盟各国发展程度不一，各具特色的政府规制与行业自律在《条例》时代也面临着整合的需求，以塑造欧盟所追求的数字单一市场。[②] 其次，集体性自我规制需要经历有权机关繁复且漫长的认可流程，且这一流程以重塑《指令》时代的失败经验为潜在目的。以行为准则为例，《条例》之前的《指令》已经对行为准则予以了法定化，但是欧盟委员会于 2010 年表示："《指令》中的自我规制条款，亦即对行为准则的制定，迄今为止很少被使用，并且难以得到私人领域的利益相关方的满意"[③]，行为准则在《指令》时代的失败经验被转化为《条例》时代的审慎态度，导致以《条例》为基础的多项行为准则的建设仍在推进当中。[④]

《条例》为世界提供了将自我规制予以全面法制化的模版，在这一模版下，监管机构具有充分引导规制对象自我规制的能力，从而节约规制资源，提

---

① See William McGeveran, *Friending the Privacy Regulators*, 58 Arizona Law Review 959 (2016), p. 959 - 1025.

② 部分欧盟国家本身就具有在个人信息保护领域公私合作治理的独特制度与文化，但亦有国家的企业将个人信息保护视为纯粹的法律合规事项。对于此种差异的经验研究的整合，参见周汉华：《探索激励相容的个人数据治理之道——中国个人信息保护法的立法方向》，载《法学研究》2018 年第 2 期。

③ European Commission, *Communication on a Comprehensive Approach on Personal Data Protection in the European Union*, EUR - Lex (Feb. 9, 2022), https：//eurlex. europa. eu/LexUriServ/LexUriServ. do? uri = COM：2010：0609：FIN：EN：PDF.

④ See Carl Vander Maelen, *Codes of（Mis）Conduct? An Appraisal of Articles 40 - 41 GDPR in View of the 1995 Data Protection Directive and Its Shortcomings*, 6 European Data Protection Law Review 231 (2020), p. 241.

高规制效能。尽管欧盟监管机构尚未具有与《条例》高度系统化的元规制设想相匹配的规制资源，现实秩序的成熟也需要假以时日，但这些现象不能掩盖《条例》在标准制定层面对元规制建构的基础性作用。

五、常态化规制体制如何建立：基于美欧经验

如何在我国个人信息保护领域建立常态化规制体制？这一核心问题至此有了部分解答的可能。以元规制为理论指引，结合美国与欧盟的经验教训，常态化规制体制的建立可以从规范取向与规制策略两个层面予以展开：

（一）规制体制的规范取向：欧盟模式

从规范的视角，我国个人信息保护领域常态化规制体制的建构应以欧盟模式为主要参考对象，实现自我规制的全面法制化。对比个人信息保护领域元规制建构的美欧实践，两者最重要的差异是规范基础的巨大差异：美国模式的规范基础极其薄弱，因此消费者隐私权益的实现依赖于市场机制与 FTC 有限的策略性执法；欧盟模式则以广泛的、体系融贯的专门法律为基础，将主流自我规制手段纳入规范体系，并尝试在欧盟内部建立协调的监管机构网络。相较之下，美国模式薄弱的规范基础几乎扼杀了规制体制变革之可能。近期，美国在个人信息保护领域统一立法的密集尝试也从侧面佐证了旧有模式的不可持续性；[①] 欧盟模式虽然在监控和执行层面仍有不足，但是《条例》的广泛性和体系融贯性为后续的规制体制改革提供了可能。一方面，我国与欧盟具有相同的大陆法背景，对于制定法的依赖及对法律融贯性之追求是两者共通的法律文化；另一方面，我国《个人信息保护法》更是与《条例》在基本概念、权利义务设计等方面高度相似，但在对自我规制手段的法制化方面却有所不及。以此为背景，我国应当以《条例》为主要参考，以自我规制的全面法制化为指导原则，将《个人信息保护法》的规范体系予以精致化。本文对此提出以下两点建议：

第一，通过司法解释将可归责性工具融入《个人信息保护法》。《条例》将自我规制手段全面法制化的巧思之一，就是使用可归责性工具将政府规制、个体性自我规制与集体性自我规制加以整合。控制者和处理者为了证明其行为的合法性，就需要采取个体性自我规制及集体性自我规制，监管机构的规制压

---

① 州立法如《加州消费者隐私法案》《弗吉尼亚州消费者数据保护法案》，联邦立法如《统一个人数据保护法》。

力因此得到了分担。我国《个人信息保护法》并没有明确融入此种可归责性工具，但是却规定了"处理个人信息侵害个人信息权益造成损害，个人信息处理者不能证明自己没有过错的，应当承担损害赔偿等侵权责任"，此种侵权救济过程中的过错推定为可归责性工具的介入提供了入口。最高人民法院可以通过司法解释将个人信息处理者制定内部管理制度和操作规程①、定期进行合规审计②、进行个人信息保护影响评估③、参与第三方认证项目④等自我规制行为作为推翻过错推定的考量因素。据此，司法解释可对规制过程起到间接辅助作用，为个人信息处理者的自我规制提供强劲的激励来源。

第二，通过行政立法明确个人信息保护负责人的功能定位。如前文强调，公共规制者与规制对象针对公共政策目标常常具有迥异的理解，两者间的沟通机制因此十分重要。《条例》有关数据保护官的规定十分详尽，尤其规定了"与监管机构保持协作"以及"在有关数据处理的问题中充当监管机构的联络点"，并强调其专业素养和独立性。⑤ 据此，《条例》有意加强数据保护官的规制中介作用，旨在将监管机构对于公共政策目标的理解传达至控制者或处理者内部。相比之下，《个人信息保护法》有关个人信息保护负责人的规定极尽简略，没有对其专业素养和独立性予以规定，也未就其与履行个人信息保护职责的部门的互动关系予以明确，仅规定个人信息处理者应当将个人信息保护负责人的姓名、联系方式等报送履行个人信息保护职责的部门。⑥ 就以上规范的文义而言，个人信息保护负责人的具体职能尚处在一片迷雾之中，遑论发挥与《条例》数据保护官类似的规制中介作用。对此，国家网信部门应当统筹协调有关部门推进行政立法，完善个人信息保护负责人相关规定，尤其是要明确其专业素养要求和独立性，建立个人信息保护负责人与履行个人信息保护职责的部门之间的常态化沟通机制。

（二）规制体制的策略设计：美国与欧盟经验的批判性转化

首先，以美国FTC"两步走"战略为模板，培育我国个人信息处理者的自律文化。我国的行业自律文化相对薄弱，名义上进行自我规制的行业组织，

① 参见《个人信息保护法》第51条。
② 参见《个人信息保护法》第54条。
③ 参见《个人信息保护法》第55条、第56条。
④ 参见《个人信息保护法》第62条第4款。
⑤ See GDPR, Art. 37, Art. 38, Art. 39.
⑥ 参见《个人信息保护法》第52条。

其实际活动常常是政府职能的延伸；① 即便聚焦在个人信息保护领域，也有学者指出我国对隐私政策予以披露的网站比例较低，大量隐私政策既未能全面落实最基础的法定义务，又未响应高标准的推荐义务，隐私政策普遍缺乏基于本土实践的规则创新。② 尽管随着《个人信息保护法》的生效，我国网站的隐私政策可能已经有所改进，其背后相对薄弱的行业自律文化却不可能在短时间内扭转。薄弱的行业自律文化可能导致个人信息处理者在根据《个人信息保护法》的规定进行自我规制时缺乏技巧、对其效果缺乏信任，甚至将合规表象的重要性置于个人信息权益的保护之上。时值 20 世纪 90 年代，美国信息产业同样缺乏市场的自我规制，FTC 正是通过"两步走"战略，培育了美国信息产业的自我规制实践，孵化了行业最佳实践与专家社群。具体而言，FTC 首先通过立法之威胁促成信息产业形成共同利益，使得自我规制手段得到广泛运用，之后才开始进行策略性的执法。在我国的语境下，类似的两步走战略可以通过以下制度要点加以实现：第一步，在网信部门的协调下，兼具行政执法与规范性文件起草职能的各级履行个人信息保护职责的部门在其职权范围内识别出个人信息处理行业中缺乏自律文化的细分领域，与该领域主要的个人信息处理者建立沟通机制，明确传达"将自我规制的成效作为后续规范性文件起草与执法频率的参考因素"之信号，并设置考察期；第二步，在考察期满之时对该细分领域自我规制的实际成效予以评估，并据此确定该领域后续规范性文件的起草计划和执法频率。通过这样的方式，履行个人信息保护职责的部门可以在短时间内创造特定领域的共同利益，从而打破共同行动困境，实现该领域自我规制实践的迅速产生和协调。

其次，将"命令—控制"型规制与元规制组合使用。美国 FTC 在消费者隐私领域的元规制实践之所以产生令人失望的结果，症结在于对企业自我规制的过分依赖，其谦抑性最终使得企业不具有自我规制的强烈动机。据此，我国履行个人信息保护职责的部门自然不能将自身局限于自我规制的"守夜人"，而应当适时采取更加强硬的规制策略。传统的"命令—控制"型规制，亦即由公共规制者制定具体的行为标准并加以监控和执行，不给予规制对象任何标准形成空间的规制工具也应当在规制体制中占据一席之地。具体而言，履行个人信息保护职责的部门应当在规制过程中根据所处理个人信息规模、过往守法

① 参见罗英：《论我国食品安全自我规制的规范构造与功能优化》，载《当代法学》2018 年第 1 期。

② 参见冯洋：《从隐私政策披露看网站个人信息保护——以访问量前 500 的中文网站为样本》，载《当代法学》2019 年第 6 期。

表现记录、自我规制技术与管理水平，将个人信息处理者予以分类，对于少数处理个人信息规模巨大，但屡次发生个人信息泄露，内部也缺乏技术和管理手段的个人信息处理者，可以通过"命令—控制"型规制施加具体的行为要求，以迅速扭转现状；相反，对于处理个人信息规模较小、过往守法表现良好，自我规制技术与管理水平较高的个人信息处理者，履行个人信息保护职责的部门则可以适度赋予其自我规制空间，减少规制资源投入。需要特别注意的是，我国具有特殊的"市场—政府"关系，我国的市场是一种由政府主导的管理型市场，因此和西方的政府规制具有不同的语境。① 履行个人信息保护职责的部门具有天然的能动性，却可能缺乏适度放松规制的方法意识，防止"命令—控制"型规制的滥用据此同样需要得到重视。

最后，以对少数科技巨擘采取高强度监控与不利措施为标准，配置规制资源。一方面，欧盟在个人信息保护领域出现行动与规范之间的差距，这一差距出现的原因之一即在于部分成员国监管机构的资源配置远不足以对谷歌、脸书等少数科技巨擘采取高强度监控与不利措施。另一方面，元规制的初衷就在于规制资源的高效利用，对规制资源无限度地扩充既不应当，也不实际。以上两方面的考虑叠加之下，我们应当为公共规制者所需要配置的规制资源拟定一个适当的底线。元规制下，规制对象之所以采取有效的自我规制，最根本的原因在于追究刑事责任、吊销营业执照等最为严厉的不利措施的存在，这些最严厉的不利措施及其所依托的规制资源如同一根高悬的大棒，在大多数时间以一种静态的方式有效驱使着规制对象的行为。② 据此，我国履行个人信息保护职责的部门的规制资源配置，应当以针对极少数处理个人信息规模巨大、市场地位难以撼动的个人信息处理者（如腾讯、阿里巴巴）采取高强度监控与不利措施为标准。通过此种规制资源配置，少数科技巨擘才能产生自我规制的充分外部激励，对于数量更加巨大的中小型个人信息处理者也能发挥示范与带动作用。

六、结语

在信息处理技术不断精进，商业模式日益复杂，个人信息不断泛化的当下，个人信息保护领域的政府规制须融入敏锐的方法意识，而元规制提供了可

---

① 参见胡敏洁：《规制理论是否足以解释社会政策？》，载《清华法学》2016 年第 3 期。

② See Ian Ayres & John Braithwaite, *Responsive Regulation: Transcending the Deregulation Debate*, OxfordUniversityPress, 1992, p. 35 – 40.

贵的理论资源。现有经验研究的成果已经表明，尚未有一种元规制建构足以满足当下个人信息保护的规制需求，而本文也仅仅在于梳理美国与欧盟的实践，并为我国个人信息保护规制体制的建构投石问路。此外，对于元规制理论如何在个人信息保护的跨国规制中，尤其是在个人信息跨境提供问题中发挥作用，本文未予探讨。如何在流变的信息社会用政府规制工具激发自我规制潜能，这将是后续研究需要继续探讨的主题。

（责任编辑　孙　沛　田　静）

行政应急状态下国家机关处理个人信息的问题分析与出路探寻[*]

邹浩然^{**}

摘　要：伴随应急权力扩张而公民权利相对限缩的现状，当广义的国家机关作为个人信息的处理者和持有者，个人信息主体时刻面临来自强大公权力的信息数据聚合压力。国家机关处理个人信息活动的规范结构应当与私主体处理个人信息相区分，但"告知—同意"规则的松动与让步并不意味着国家机关不需要履行合理的交流沟通义务。结合个人信息的人格尊严属性与公共价值属性，利用与保护相平衡的公共理性应当围绕风险预防进行建构，在风险细化中对个人信息予以阶段化、场景化保护，实现权力与权利的良好互动。同时，面对传统正当法律程序在实践中受到冲击的现状，"参与—沟通"空间的重新构造应当成为社会治理的重要内容。

关键词：个人信息保护　行政应急状态　国家机关　风险预防　"参与—沟通"空间

一、引言

信息数据^①在当今应急管理体系中具有重要的工具价值，发挥着难以替代

---

　*　本文系 2022 年重庆市研究生科研创新项目"行政应急状态下国家机关处理个人信息的规范路径"（项目编号：CYS22294）的阶段性研究成果。

　**　邹浩然，西南政法大学行政法学院 2021 级硕士研究生。

　①　本文在我国目前立法语境下针对个人信息保护问题提出建议，并未对信息、数据、个人信息以及个人数据等相关概念加以严格区分。关于数据与信息的内涵及区别，参见纪海龙：《数据的私法定位与保护》，载《法学研究》2018 年第 6 期。

的基础性作用。例如，信息登记、健康码出示等举措在疫情防控中发挥着确保社会流动安全性的重要作用，突发应急救援事件中民间协同自制的"待救援人员信息"名单极大提高了官方救援效率，这些无不反映出个人信息之于应急管理的重要意义。但是，应急状态下行政权力扩张而公民权利相对限缩，行政机关等公共部门及其工作人员在应急管理过程中时常被曝出针对公民个人信息处理的不正当（包括违法）行为，常态化的信息流调使我们更加重视信息公开披露中以及行政执法监管中的个人信息泄露问题。[①] 同时，当国家机关作为个人信息的处理者和持有者，个人信息主体时刻面临着来自强大公权力的信息数据"聚合压力（The Aggregation Effect）"[②]。正是在这样的背景下，国家机关在行政应急状态下处理公民个人信息的合法性与合理性问题理应得到审视。

个人信息的内在面向以个体尊严为价值内核，而外在面向则事关数字时代的社会治理与发展。适用于私主体处理个人信息的一般规范若简单照搬适用于国家机关，或将陷入实效欠佳的困境，个人信息的公法保护应当得到重视。[③] 行政应急状态下国家机关处理个人信息的特殊性，可以从两大方面深入理解：一方面，行政应急管理中个人信息本身的公共属性和主体弱控制性更加凸显，这对国家履行个人信息保护义务提出了更高要求；另一方面，"依法履职"和"应急需要"又恰恰为公权力免除一般"告知—同意"义务提供了合法性基础。为了预防信息数据聚合压力下可能的侵权风险，需要寻求一种利用与保护相平衡的公共理性，而这种公共理性需要在权力与权利的良好互动中获得。

---

① 当前个人信息泄露问题大致可以从四种意义上细分，即社会经济交往意义上的私人泄露、信息公开披露意义上的泄露、行政执法监管意义上的泄露以及信息系统安全意义上的泄露。近年来由于疫情防控的需要，流调处理个人信息成为常态举措，但信息公开披露与行政执法中却普遍存在信息泄露问题。

② The Aggregation Effect，即聚集效应，指简单的信息数据（即便是浅显的或者不完整的）通过积累、组合可以分析社会个体的诸多特征，描摹"人格画像"以及多领域应用在技术上是完全可行的，但这种描摹简化了社会个体并且准确性存疑。See Daniel J. Solove, *The Digital Person: Technology and Privacy in the Information Age*, New York University Press, 2004, p. 44 – 47.

③ 国家机关处理个人信息的告知同意规则具有特殊性，不能完全套用私法主体处理个人信息的规则，需要结合其公法特性进行理论和规范层面的法律建构。参见喻文光、郑子璇：《数字时代政府机关处理个人信息告知义务制度的公法建构》，载《人权》2022年第3期。

二、行政应急状态下的个人信息保护难题

（一）应急凸显个人信息的复杂性

个人信息是个人信息处理活动的对象，指以电子或者其他方式记录的能够单独或者与其他信息结合识别特定自然人的各种信息。[①] 应急管理下，个人信息本身的复杂特征更为凸显，具体可见于：

第一，个人信息的公共价值属性凸显。个人信息不仅是个人的信息，虽然学界对其的认识呈现渐进态势并且在法律定性上仍存争议，[②] 但个人信息兼具个体属性和公共属性是不可否认的事实。个人信息的公共面向是个人信息利用与保护内在张力的根源，尤其基于公物理论视角，将个人信息作为公物使用无须以明确其权利归属为前提，应重点关注其基于公共目的的合理使用问题。[③] 当非以权利视角观之，信息数据具有超越单一个体的社会构成与公共安全价值。以健康码、行程码为例，个人信息关联其他信息可以用于识别危险源和控制个体行为，若发现异常情况，依据法律规定甚至可以采取必要的隔离措施。而更进一步，通过信息数据还可以把控疫情风险态势并对风险走向及时预测、预警。[④]

第二，个人信息主体弱控制性凸显。互联网是一个个人参与其中所必须遵守的"协议"分层系统，大数据模式将信息数据视为基础资源、将数据流动视为作用前提，大数据条件下隐私和身份一直存在显著的悖谬关系。[⑤] 面对大数据的刚性层级架构，个人信息实际上并非由该信息主体自主控制，其中关系不能和所有权法律关系简单画等号。同时，隐私态度和隐私行为不一致的

[①] 参见《民法典》第 1034 条对个人信息所作的定义，个人信息包括自然人的姓名、出生日期、身份证件号码、生物识别信息、住址、电话号码、电子邮箱、健康信息、行踪信息等。

[②] 国内对于个人信息的属性界定，有隐私权说、人格权说、财产权说、新型权利说以及基本权利说等，有学者主张在民法上定位，有学者主张在公法上展开。参见梅夏英：《数据的法律属性及其民法定位》，载《中国社会科学》2016 年第 9 期；程啸：《论我国民法典中个人信息权益的性质》，载《政治与法律》2020 年第 8 期。

[③] 宋烁：《论政府数据开放中个人信息保护的制度构建》，载《行政法学研究》2021 年第 6 期。

[④] 疫情期间，国家卫健委利用大数据对疫情进行实时监控，并每隔一小时更新一次数据，社会公众因此能够及时了解我国疫情的动态变化。参见黄羽沛：《大数据抗疫下对个人信息侵权的反思及应对》，载《西安石油大学学报（社会科学版）》2021 年第 1 期。

[⑤] 用户在不断提供各种身份信息的同时却处于没有独立身份的被动地位，关于身份悖谬的剖析，参见刘泽刚：《大数据隐私的身份悖谬及其法律对策》，载《浙江社会科学》2019 年第 12 期。

"隐私悖论"① 也让我们意识到隐私和个人信息保护问题本身的复杂性：信息主体的弱控制性不是一种实践的悲观无奈，这种特殊性对切实有效地保护个人信息提出了更高要求，因为简单的赋权控制并不意味着更好的保护。② 尤其面对扩张的行政应急权力，个人信息权益的公法内涵应当在促成行政应急活动合理、正确的过程中发挥重要的价值导向和程序塑造功能，而非不切实际地宣示对抗和限权。

（二）应急为公权力扩张提供合法性基础

行政应急是指行政机关组织相关力量对可能发生或已经发生的公共危机事件进行预测、监督、控制和协调处理，以期有效地预防、处理和消除危机、减少损失的有关举措。③ 风险在科学上的不确定性，使行政机关基于风险预防的理由而获得概括授权。④ 个人信息权益保护在行政应急状态下面临更大的"权力压力"，具体到公法法律关系上，表现为：公权力扩张而公民权利相对限缩。⑤

为对风险防控下可能存在的权利限制进行合理解释，康德坚持规范主义的立场，认为没有法律授权的行政特权均属于公权力的滥用；施密特则站在另一个对立面，从现实主义出发主张"紧急状态无法律"。显然，这两种立场均具有极端倾向而难以为法治实践起到较强的建设性作用。紧急权力的自由主义传统可以追溯到洛克的政府特权理论。洛克所谓的"特权"，是"授予君主的一种权力，在某些场合，由于发生了不能预见的和不稳定的情况，以致确定的和不可变更的法律不能运用自如时，君主有权为公众谋福利"⑥。政府特权理论

---

① 隐私悖论现象基于实验、调查和研究者对行为的一般观察，Daniel J. Solove 虽然指出隐私悖论本质上是一种由错误的逻辑、毫无根据的概括和混淆的问题造成的幻觉，但是他也强调隐私自我管理的无力，赋予个体更多的管理自身隐私的权利并不是一种有效的保护方式。See Daniel J. Solove, *The Myth of the Privacy Paradox*, GW Law Faculty Publications, 2020, p. 1 – 42.

② See Eoin Carolan & M. Rosario CastilloMayen, *Why More User Control Does Not Mean More User Privacy: An Empirical (and Counter – Intuitive) Assessment of European EPrivacy Laws*, Virginia Journal of Law Technology, Vol. 19: 2, p. 324 – 387 (2015).

③ 莫于川、莫菲：《行政应急法治理念分析与制度创新》，载《四川大学学报（哲学社会科学版）》2020 年第 4 期。

④ 金晓伟：《论我国紧急状态法制的实现条件与路径选择——从反思应急法律体系切入》，载《政治与法律》2021 年第 5 期。

⑤ 行政应急具有权力优先性、应急处置性、程序特殊性、社会配合性、救济有限性等显著特征。参见莫于川、莫菲：《行政应急法治理念分析与制度创新》，载《四川大学学报（哲学社会科学版）》2020 年第 4 期。本文主要对权力扩张和权利限制进行深层次理论剖析，是因为权力优先性是行政应急的主要特征，其他特征或多或少都与此相关。

⑥ ［英］洛克：《政府论》（下篇），叶启芳、瞿菊农译，商务印书馆 2016 年版，第 100 页。

有助于对现代行政权和风险行政的理解，但其内部存在逻辑不自洽的矛盾，洛克本人在该问题上也有着"绝对主义倾向"①。随着政治社会发展和国际关系演进，对紧急权力的自由主义二分范式在 20 世纪中叶的美国逐渐转向法律现实主义，从追求行政权力的固定到注意立法与行政的流动安排，紧急权力与紧急规则逐步搭建起框架。② 前述理论争议和实践发展表明，法治并非严禁权利限制，当某种限制客观上必要，法治的目标和作用在于明确与之对应的法秩序。聚焦到我国现行法律规范，以《宪法》第 51 条为目的性根据，《突发事件应对法》明确赋予履行统一职责或组织处置突发事件的政府采取必要应急措施的权力，《传染病防治法》明确要求在中华人民共和国领域内的一切组织和个人有配合应急措施的义务。具体到个人信息领域，《个人信息保护法》第 13 条第 1 款第 4 项将"为应对突发公共卫生事件，或者紧急情况下为保护自然人的生命健康和财产安全所必需"作为个人信息处理活动的合法性基础。权利义务关系的变化使得某些传统意义上对个人信息的"不当"处理行为具备正当性并且得到宪法和法律的认可。

（三）权力与权利的对峙风险

公共风险的潜在性、高发性警醒着我们身处"风险社会"的客观现实，③这种风险性解构着法秩序的确定性与安定性，甚至也直接冲击着公民的法定权利。作为非专业人士的普通个体，一方面我们必须掌握某些初步原理和知识以适应现代生活的运作体系，另一方面我们不可能掌握充分的专业知识和技能以实现对生活的控制，恰恰相反，我们缺乏这样一种控制。④ 为了缓解现实的不平等矛盾，法律通过赋权和明确义务在个人信息处理者与个人信息主体之间架构起"参与—沟通"的商谈空间。以《个人信息保护法》为例，立法赋予个人在个人信息处理中的一系列权利集合，包括知情、决定、查询、更正、复

---

① 洛克的理论既有规范主义的元素，同时又允许紧急状态下行政权力在违反法律的情况下扩张，看似两边讨好，其实却存在内部逻辑的不一致与规范上的不稳定。在紧急状态下登场的特权，有着强烈的绝对主义倾向，也是与洛克整体的法学理论格格不入的。参见吴昱江：《紧急状态下的法治与行政特权——康德、施米特与洛克的理论局限》，载《政法论坛》2017 年第 2 期。

② See Jules Lobel, *Emergency Power and the Decline of Liberalism*, The Yale Law Journal, Vol. 98：7, p. 1405 – 1409（1989）.

③ 戚建刚：《风险规制的兴起与行政法的新发展》，载《当代法学》2014 年第 6 期。

④ ［英］安东尼·吉登斯：《现代性的后果》，田禾译，译林出版社 2011 年版，第 126—128 页。

制、删除等权能，这些工具性权利可以促进个人信息处理活动中的理性交涉。① 然而在行政应急状态下，一方面权利主体难以自主决定其个人信息，另一方面权力主体得到新的合法性基础。个人信息处理活动的单方性、职权性特征更为突出，违法的、不合理的应急举措容易激化权力与权利的对峙矛盾。

任何权力必须公正行使，行政机关的决定对当事人有不利的影响时，必须听取当事人的意见。② 这是法律对权利保障的必然要求。然而，我们应当看到，当风险社会带来的结构性变迁使得积极行政成为必然趋势，行政权力的膨胀与行政机构的自上而下延伸已成为"风险国家"的基本特征。③ 此时行政应急权力与新兴技术相结合，具有诸多理想化成分的程序性商谈空间事实上陷于尴尬的被压缩境地，传统正当法律程序已受到严重冲击。客观上，数据要素的充分流动与高效配置确实对安全秩序提出了效率要求；主观上，国家机关存在告知义务履行瑕疵，个人信息处理活动中不告知、少告知等情形常有发生。可见，如果我们对传统正当法律程序的尴尬处境视而不见，忽略行政应急状态下国家机关进行个人信息处理活动的特殊性，极易导致个人信息保护举措的不切实际。

三、国家机关处理个人信息的特殊性检视

（一）"处理者"与"规制者"的身份重叠

在个人信息保护问题上，国家机关兼具"规制者"和"处理者"双重身份属性。现代信息技术的普及使社会个体的日常行为被持续不断地记录、存储和分析，人类自身前所未有地被透明化。④ 数字社会改变了权力的运作方式，在新形态的社会权力结构下，私权保护所预设的经济理性、交易机制和伦理规

---

① 这组权利集合（即个人信息权利束）是国家履行积极保护义务，通过制度性保障对个人进行赋权的结果。参见王锡锌：《国家保护视野中的个人信息权利束》，载《中国社会科学》2021 年第 11 期。

② 王名扬：《美国行政法》（上），北京大学出版社 2016 年版，第 285 页。

③ 倪洪涛：《论"风险国家"及其行政应急治理》，载《东南法学》2020 年第 1 期。

④ 周尚君：《数字社会对权力机制的重新构造》，载《华东政法大学学报》2021 年第 5 期。

则，很大程度上已遭遇保护失灵的困境。① "自生自发的内部秩序"② 无法有效应对系统性的社会风险，秩序必须被有针对性地设计，并且是以国家力量为引导进行规制治理。但是，除以"规制者"身份积极介入信息数据领域外，国家机关作为个人信息数据的最大持有者，其本身可以处理大量集中的信息数据。行政应急管理中国家机关处理个人信息，其复杂特征表现在：

第一，不确定性。风险社会视阈下，国家机关为履行风险预防的安全义务，需要灵活、高效地决策于未知之中。风险本身是一种可能性，它不以实际损害后果为前提，颠覆了过去、现在、未来的传统认知顺序，既非纯粹的事实陈述，也非纯粹的价值陈述。③ 风险预防实现的关键点是探寻风险社会中行为与可能的危害后果之间的联系，但由于科学技术本身存在不确定性，加之所调整对象的利益结构复杂，④ 不确定性构成风险行政的显著特征。同时，风险在社会层面又不仅仅是物质的存在，其在相当程度上由社会定义并建构。风险的主观性与不确定性相结合，动摇了传统行政法对行政裁量的客观化追求。⑤

第二，处理主体多元。现代信息技术的发展和公共治理的需要客观上倒逼层层下压的官僚体制改革，"整体政府"理念下的综合执法改革不断推动着行政主体、行政组织的跨界整合。⑥ 作为个人信息处理者的国家机关，除了狭义的法定职权性行政机关，还包括"法律、法规授权的具有管理公共事务职能的组织"。⑦ 有学者在对现行法律体系进行考察的基础上，主张将"法律、法规授权的提供公共服务的组织"和"规章授权管理公共事务职能或提供公共服务的组织"纳入广义的国家机关范畴。⑧ 这样的体系解释思路符合我国当前信息处理行政的实际现状。⑨ 但是，伴随着国家机关概念内涵的拓展，行政监

---

① 王锡锌：《个人信息权益的三层构造及保护机制》，载《现代法学》2021 年第 5 期。

② 哈耶克强调内部秩序（cosmos）和内部规则（nomos），认为一个像现代社会这样复杂的秩序不可能被整体地设计或孤立地型构，而应当是自生自发的产物，在这个过程中可以在原则指引下加以设计。参见哈耶克：《法律、立法与自由》，邓正来等译，中国大百科全书出版社 2000 年版，第 52—78 页。

③ See Barbara Adam, Ulrich Beck and Joost Van Loon, *The Risk Society and Beyond*, SAGE Publications, 2000, p. 212–215.

④ 杨丽：《风险行政诉讼中原告资格认定》，载《行政法学研究》2022 年第 4 期。

⑤ 刘刚编译：《风险规制：德国的理论与实践》，法律出版社 2012 年版，第 3—4 页。

⑥ 许可：《健康码的法律之维》，载《探索与争鸣》2020 年第 9 期。

⑦ 参见《个人信息保护法》第 37 条。

⑧ 彭錞：《论国家机关处理个人信息的合法性基础》，载《比较法研究》2022 年第 1 期。

⑨ 实践中，一方面可能由于事项性质必然在内容上涉及个人信息的处理，如行政许可、登记、审批等领域；另一方面大量的执行性规范性文件实际上造成了"权力下放"（尤其在应急管理中），多数对公民权利造成了实际影响，必须受到依法行政的规范。

管与责任承担、数据流动与安全保护等一系列问题将成为更加棘手的难题。

第三，披上"公益维护"的外衣。应急之所以能够被认可为公权力扩张的合法性基础，很大程度上在于实质法治理念下公益维护的客观要求。国家机关处理个人信息有着深刻的技术背景和政策背景，[①]"公益维护"往往是对多元利益的概括表达。公共利益是基本权利限制的总体依据，但是作为有待解释的不确定法律概念，应当为其"公益性""个体性"和"合理性"注入具体的场景要素。[②]此外，"公益维护"属于行为构成的目的要件层面，但个人信息处理行为的合法性仅凭目的要件不足以充分证立。

（二）同意规则的让步

当非国家机关作为个人信息处理主体，"告知—同意"规则具有规范上的核心地位。[③]自 20 世纪 70 年代由德国黑森州所确认以来，告知同意成为世界各国保护个人信息的一般架构。[④]但具体而言，区分不同的个人信息处理主体，公法和私法对个人信息的保护在规范逻辑上存在差异。《个人信息保护法》第 13 条第 1 款规定了七类处理个人信息的合法性情形，第 2 款之规定将这七类情形又分为"应当取得个人同意"类和"无需取得个人同意"类。基于权力事实，当国家机关作为个人信息处理主体，同意规则的让步具有现实必要性。首先，信息过载与认知匮乏导致个体无力决定与控制，如果国家机关不主动构造交流空间，个体实际上不可能进行有效的自我管理。[⑤]其次，不平等关系打破了信息自决的幻境。欧盟《一般数据保护条例》（以下简称 GDPR）第 43 条明确指出国家机关与个人之间存在明显的权力不平等关系，国家机关处理个人信息无需以征得个人同意为合法性基础。最后，以取得同意为前置要件将大幅增加行政成本，反而与合理行政的价值理念相悖。

---

① 在数据技术极速发展的背景下，公共利益的内涵除了传统的公共安全，还包括政府治理精准化、商事服务便捷化、民生服务普惠化等公共目标，参见赵宏：《〈民法典〉时代个人信息权的国家保护义务》，载《经贸法律评论》2021 年第 1 期。

② 关于公共利益的判断标准及其与基本权利的界限，参见韩大元：《宪法文本中"公共利益"的规范分析》，载《法学论坛》2005 年第 1 期。

③ 全国人大常委会法工委经济法室副主任杨合庆指出，告知同意规则是法律确立的个人信息保护核心规则，是保障个人对其个人信息处理知情权和决定权的重要手段。

④ 冯健鹏：《个人信息保护制度中告知同意原则的法理阐释与规范建构》，载《法治研究》2022 年第 3 期。

⑤ 吕炳斌：《个人信息保护的"同意"困境及其出路》，载《法商研究》2021 年第 2 期。

"依法履职"①规则应当是国家机关处理个人信息的"优先性"规则。这里的"优先性"是指从法治理念出发，如果作为处理理由的事项本就落入特定国家机关的职责范围，那么就只能依据《个人信息保护法》第 13 条第 1 款第 3 项来处理个人信息，而不能援引其他合法性基础，② 国家机关的个人信息处理活动必须符合依法行政的要求。"依法履职"的规范内涵在《个人信息保护法》上被表述为"依照法律、行政法规规定的权限、程序进行，不得超出履行法定职责所必需的范围和限度"。③ 基于规范文本分析，可将"依照法律、行政法规规定的权限、程序进行"视为依法履职的形式要件，将"不得超出履行法定职责所必需的范围和限度"视为依法履职的实质要件。如此区分的意义在于：基于功能主义的法解释，形式要件可以为执行性行政事项提供概括式的规范授权，从而将行政事项纳入依法行政的规范约束，进一步接受实质要件的合理性、正确性审查。广义的国家机关处理个人信息一般情况下并非拥有场景导向式的具体授权，尤其面对应急情形，行政活动的合理正确不应寄希望于法律内容的巨细无遗。在域外实践中，GDPR 第 41 条指出授予公务职权的法律依据不必须是议会立法，但要求法律依据的清晰、精确，并且受约束主体应当可预见。结合 GDPR 第 6 条第 1 款第 e 项规定的合法性基础与第 6 条第 3 款对处理依据的具体要求，不难得出这样的结论：不应对"法律、行政法规规定的权限、程序"这一形式要件预先地限缩、固定，"依法履职"的"法"应作广义解释，否则将阻碍特定情形下的社会秩序与公共安全维护。概括授权的客观要求消解了形式合法的刚性，依法行政必须将规范的重心转移到"不得超出履行法定职责所必需的范围和限度"这一实质要件层面，这是确保行政应急活动合理、正确的应有之义。

（三）告知规则的松动

告知规则是通常情况下个人信息处理者必须遵守的首要规则，应当区别于同意规则认真对待。④ 当国家机关作为个人信息处理者，告知规则的适用是否

---

① "依法履职"即《个人信息保护法》第 13 条第 1 款第 3 项规定的"为履行法定职责或者法定义务所必需"。需要注意，该项规定的法定义务之承担者仅限于民事主体，不包括国家机关。参见程啸：《个人信息保护法理解与适用》，中国法制出版社 2021 年版，第 132 页。

② 关于国家机关处理个人信息的合法性基础及其适用情形，可参见彭錞：《论国家机关处理个人信息的合法性基础》，载《比较法研究》2022 年第 1 期。

③ 参见《个人信息保护法》第 34 条。

④ 法律上对于免于告知的情形应当更加严格的限制，因为告知义务的履行既有利于维护个人的知情权，也完全不会如同意规则那样构成对处理者实施个人信息处理活动的法律障碍。参见程啸：《论个人信息处理者的告知义务》，载《上海政法学院学报》2021 年第 5 期。

也发生变化？这种变化与同意规则的让步可以等价理解吗？《个人信息保护法》第13条第1款第4项将"为应对突发公共卫生事件，或者紧急情况下为保护自然人的生命健康和财产安全所必需"作为个人信息处理活动的合法性基础，结合《个人信息保护法》第18条和第35条的规定，有学者总结出国家机关处理个人信息"无需告知＋无需同意"的四种情形：（1）基于应急所必需而处理个人信息；（2）告知将妨碍履行法定职责；（3）法律、行政法规规定应当保密；（4）不需要告知。① 由此可见，当国家机关在应急状态下处理个人信息，基础性的告知规则仍然面临松动，但是，这种松动是否就意味着告知义务在"依法履职"和"应急需要"中被完全排除？对此，我们需要审慎分析告知义务的规范意涵与价值导向，并在此基础上将重心从告知义务的有无转到告知义务的时间、形式与程度上来。

告知义务的规范意涵可见诸《民法典》第1035条和《个人信息保护法》第14、17条等相关规定，在需要由个人信息主体作出意思判断的情形中，这种法定义务的作用和价值在于赋予信息处理活动以正当性、合法性；在不需要由个人信息主体作出意思判断的情形中，告知义务保有对个人信息主体最起码的尊重，维系处理者与被处理者之间的信任纽带。在告知义务的有无问题上，事后告知仍然表明告知义务的存在，"应急需要"只是由于时间紧迫性而将事前义务后置。虽然排除，但这种排除实际上只是在合法层面减免了法定义务：《个人信息保护法》第18条，告知规则的松动在于"可以不向个人告知前条第一款规定的事项"；《个人信息保护法》第35条，告知规则的松动在于可以不"依照本法规定履行告知义务"。这种法定义务的减免并不意味着告知义务被完全排除，因为信息处理活动中的理解与信任仍然需要建立在必要的沟通之上。从法定的告知义务到事实的沟通义务，只是在形式上对严格的告知规则予以因时因事的调整，而共同的价值在于对人的主体地位的尊重，共同的作用在于增进政府行为的可接受性。基于合理行政的要求，国家机关在应急状态下的个人信息处理活动仍然需要接受告知规则的价值导向，告知义务的履行时间、表现形式与内容程度可以灵活调整，必要的交流沟通仍然不可或缺。

（四）权力与权利：对峙还是互动？

个人信息处理活动所形成的行政法律关系具有单方性、职权性等不平等特征，一般的"告知—同意"规则适用于国家机关处理个人信息时存在让步或

---

① 关于对"无需告知"情形的具体总结，可参见彭錞：《论国家机关处理个人信息的合法性基础》，载《比较法研究》2022年第1期。

者松动。当应急权力扩张而公民权利相对限缩，权力与权利紧张对峙的风险加剧。为避免权力与权利的紧张对峙，扩张的行政权力与限缩的公民权利应得到审慎对待。

权力必须在依法行政的轨道上运行。即使出于依法履职和应急管理的需要，国家机关的个人信息处理活动也必须受到"不得超出履行法定职责所必需的范围和限度"的约束。对于"范围和限度"的判断，应当参酌信息使用的具体场景，结合合法正当、符合比例、目的限制、禁止不当联结等原则一并考虑。① 同时，国家机关在应急状态下的个人信息处理活动仍然需要接受告知规则的价值导向，告知义务的履行时间、表现形式与内容程度可以灵活调整，必要的交流沟通仍然不可或缺。相较于一般的告知同意形式，以信息时代的行政应急为背景，我们需要思考如何通过更为开放的运行结构来实现个人信息保护的价值目标。②

权益保护需要沟通信任基础上的风险预防。从客观角度分析，国家与公民在行政应急状态下并非处于完全的利益对抗关系，③ 行政的公益目的在大多数情况下并非与个人私益相冲突。从主观角度分析，由于个人信息的公共面向，个人信息保护并非为个体提供一种绝对的控制权，个体也不具备相应的"数字理性"④ 去控制自身的个人信息。行政应急状态使得个人信息的公共面向更为突出，并且为权力扩张提供了合法性基础。国家机关在这种情况下处理个人信息容易影响个人作为信息主体的利益。为此，个人信息保护应当关注信息数据聚合压力下的可能风险，避免不利影响，减少个人信息处理活动的非理性。以疫情防控中的健康码为例，实践中多地政府均存在不同程度超越初衷、泛化使用信息数据的趋向。⑤ 从作为应急治理手段的健康码到意图常态化的"文明码""全能码"⑥，数字化的公权力延伸至社会和个人生活的精细之处，将个体

① 赵宏：《告知同意在政府履职行为中的适用与限制》，载《环球法律评论》2022 年第 2 期。

② 告知同意并不天然地表现为格式条款式的强力束缚，其具有开放的运行结构。参见何晓斌：《个人信息保护中告知同意的开放结构及其公法实现》，载《行政法学研究》2023 年第 1 期。

③ 在互惠合作关系中，个人或许并不需要绝对化的权利控制。参见丁晓东：《基于信任的自动化决策：算法解释权的原理反思与制度重构》，载《中国法学》2022 年第 1 期。

④ 数字理性指适应信息时代人际交互关系的理性思维，其中包括对成本、风险等的理解认识。参见冯健鹏：《个人信息保护制度中告知同意原则的法理阐释与规范建构》，载《法治研究》2022 年第 3 期；郭春镇：《数字人权时代人脸识别技术应用的治理》，载《现代法学》2020 年第 4 期。

⑤ 赵宏：《〈民法典〉时代个人信息权的国家保护义务》，载《经贸法律评论》2021 年第 1 期。

⑥ 2020 年，苏州市曾决定收集、处理一系列与公民相关的信息，以"文明码"的形式来为社会个体的文明程度进行"个性画像"；杭州市曾拟升级健康码，通过集成电子病历、健康体检、生活方式管理的相关数据，将用户的健康指标和健康码颜色相联系，建立个人健康指数排行榜。

异化为能被数字控制的对象。甚至,更为令人不安的风险在于这些技术手段在使用过程中还存在出错情形。①

综上,扩张的应急权力与相对限缩的公民权利并不必然冲突,但确实存在可能的侵权风险。在风险的不确定性、知识的有限性以及社会生活的变动不居面前,法治的规范立场在于要求风险决策者将决策的不确定性及其可能的风险纳入决策过程并配置预防性措施。② 公共理性需要在权力与权利的良好互动中获得。针对性地减少国家机关个人信息处理活动的非理性,有助于行政公益目的与个体私益保护的相互融洽,达致合法、合理的秩序目标。

四、风险预防视角:减少处理活动的非理性

(一) 立足风险预防的必要性

风险内含并发展出一种与预防性行为相关的实践联系,风险预防要求决策者对不确定风险及时采取预防措施以避免、降低风险发生的可能性。作为一种事前思维,风险预防对当前应急管理发展和个人信息保护均具有重要的实践意义,具体而言:

1. 风险预防是应急管理的方向

控制风险的现实需要拓宽了行政干预的传统界限,国家机关为履行风险预防的安全义务,需要灵活、高效地决策于未知之中。当前,专项立法对于国家机关作为个人信息处理者的特殊规定较为概括和抽象,具体操作规则缺位。同时宏观的应急法制也未能为该问题提供有效兜底,相反,作为应急管理领域一般法的《突发事件应对法》甚至在应急实践中处于尴尬的无感状态。③ 传统的应急管理并不能从根本上减少政府所面临的危机,相比应急管理,风险预防更

---

① 2022 年 4 月初,一段"上海市民与疾控中心对话录音"在网上流传,市民投诉其在"健康云"核酸检测的结果与疾控中心的通知不一致,浦东新区卫生健康委员会对此进行调查。参见王頔:《上海浦东回应"市民录音投诉健康云结果有误"》,载新华网,http://www.news.cn/local/2022-04/02/c_1128528522.htm,最后访问日期:2022 年 6 月 15 日。2022 年 6 月,前往郑州沟通村镇银行"取款难"的储户被错赋"红码",导致这些市民正常生活出行处处受限。参见周末:《人在家中坐,红码天上来! 郑州回应河南村镇银行储户被赋"红码"事件》,载澎湃新闻客户端,https://www.thepaper.cn/newsDetail_forward_18566085,最后访问日期:2022 年 6 月 16 日。

② 针对决策于不确定性之中,风险预防原则是作为原则而不是规则被提出来的,其要求相关的不确定性在决策过程中被充分考虑,但并不指向特定的决策内容。参见金自宁:《科技不确定性与风险预防原则的制度化》,载《中外法学》2022 年第 2 期。

③ 刘小冰:《以紧急状态法为重心的中国应急法制体系的整体重构》,载《行政法学研究》2021 年第 2 期。

能够真正实现源头治理。①

2. 风险预防是个人信息保护的要求

个人信息受到法律专门保护的需求与计算机和网络技术所带来的新型社会风险密切相关，互联网并非法律规范之外的自由地。② 风险预防本身是一种事前思维，这与个人信息权益的事前积极防御权定位内在契合，③ 风险预防是个人信息权益保护的核心任务。当广义的国家机关作为个人信息处理者，本身就意味着一种具体的风险场景，即信息数据的大量聚合。在此基础上进行前后联系地阶段化分析，个人信息的处理包括个人信息的收集、存储、使用、加工、传输、提供、公开、删除等。具体阶段和场景中平衡个人信息利用与保护的关键在于风险大小与控制措施的合理匹配。

3. 风险预防与比例原则实质关联

比例原则要求国家机关采取有助于正当目的实现的必要手段，并且造成的损害与所获利益符合比例。适当性审查作为比例原则三阶段分析的第一步要求回答手段是否有助于目的之实现，而如果目的被泛化为公共利益维护或者社会安全保障，那么目的证成干预并非难事。④ 国家机关处理个人信息是否有助于法定职责的落实、是否为应急所需，一般情况下都能得到关联性回答。目的明确与目的限制虽然可以针对某些明显违法的过度收集行为发挥实效，⑤ 但若缺少具体场景、具体阶段的依托，合比例性分析囿于技术匮乏及语义的宽泛模糊，对于如何判断某个手段是否符合比例，比例原则本身并未提供充分有效的分析工具。⑥ 风险本身的不确定性看似与合比例分析的精确化要求相冲突，但实际上风险预防对行政决策的合比例性提出了更高要求：一方面，比例原则应

---

① 林鸿潮、陶鹏：《应急管理与应急法治十讲》，中国法制出版社 2021 年版，第 9 页。

② 互联网发展早期弥漫着乐观主义情绪，个人信息除了隐私之外长期被置于公共领域自由流通。参见刘泽刚：《大数据隐私的身份悖谬及其法律对策》，载《浙江社会科学》2019 年第 12 期；梅夏英：《社会风险控制抑或个人权益保护——理解个人信息保护法的两个维度》，载《环球法律评论》2022 年第 1 期。

③ 关于个人信息的事前防御权定位，参见周汉华：《个人信息保护的法律定位》，载《法商研究》2020 年第 3 期。

④ 若采"四阶说"，目的正当性分析更是属于可解释的范围，并且这样的引入对手段的合理性分析并没有帮助，反而可能导致比例原则既有的裁量权治理功能受到严重挤压。参见梅扬：《比例原则的适用范围与限度》，载《法学研究》2020 年第 2 期。

⑤ 如在疫情防控中，当把了解涉疫人员的行踪作为目的，收集涉疫人员的地理位置、联系方式等是必要的，但收集其消费状况、作息时间等就是过度的。

⑥ 刘权：《比例原则的精确化及其限度——以成本收益分析的引入为视角》，载《法商研究》2021 年第 4 期。

当积极介入决策过程，充分发挥"事前效应"；[①] 另一方面，正如前文分析，风险预防关注具体场景中风险大小与控制措施的合理匹配，对政府行为的可接受性提出了要求。

（二）认真对待风险预案和评估

风险预案和风险评估是实践经验的产物，积累了过去风险防控的成功或不足的经验、教训。[②] 更为重要的是，其在传统授权框架之外为风险规制提供了正当性理据。[③] 对应到个人信息保护，当国家机关在行政应急状态下处理个人信息，为促进决策、措施的合理正确，下述方面应当引起重视：

1. 预案制度应当针对具体风险，包括行为主体、对象、步骤、时限、救济等一系列整体或局部安排，内容应当全面、具有可行性

作为法律性与技术性结合的产物，具体预案不能是上级文件的照搬照抄，应当从实际出发，在法治的轨道上展开。完备的事前评估，要通过科学的风险模型预测行为实施的可能后果，并在预案中配置层级性的不利影响化解机制。预案与评估呈现一体的互补关系。评估并非与现实的结果绑定，事前评估就是要将风险评估与预案制度挂钩，预案的具体内容要以风险评估的结果为背景加以设计。[④]

2. 专家意见、社情民意尽早进入决策的设计过程

风险预案和风险评估能够为风险决策提供正当性理据，很大程度在于其所蕴含的科学理性。政府不是决策的绝对权威，科学判断和专家意见为行政权力的运行提供智力支持甚至基础性前提。同时，个体尊严必须在一开始就受到尊重，尤其在具体行政活动中正当程序空间可能被压缩的情况下，社情民意尽早参与决策设计就显得更为重要。

3. 决策、措施的上下衔接和具体落实

规范层面的保护承诺需要执法实践予以兑现，然而政府机关的执法过程却存在个人信息的侵权隐患。在疫情防控中，不同省市相继被曝出针对个人信息

---

① 相比法院事后的消极审查，行政决策者在决策时就要严格达到合比例要求，避免措施的不可接受。关于事前效应，参见 Yun - chien Chang and Xin Dai, *The limited usefulness of the proportionality principle*, International Journal of Constitutional Law, Vol. 19: 3, p. 1127 - 1129 (2021)。

② 我国对于行政应急的法治认知以及制度建设起步较晚，预案制度是在不断的实践经验和深刻教训中得到重视并专门化发展起来的。2003 年"非典"事件后，我国逐步构建起以"一案三制"为核心的应急管理体系，但囿于定位、理念等局限，相应体制、机制与法制未能在实践层面有效展开。参见代海军：《我国〈突发事件应对法〉修改研究》，载《行政管理改革》2021 年第 1 期。

③ 金自宁：《风险评估内在不确定性的法律规制》，载《中国法律评论》2022 年第 2 期。

④ 代海军：《我国〈突发事件应对法〉修改研究》，载《行政管理改革》2021 年第 1 期。

的泄露、滥用问题，其中多数为内部工作人员在流调过程中不遵守相关规范擅自将信息外传。可见，强化内部监督、严格管理规范刻不容缓。在执法权下沉和突发事件多元共治的背景下，决策、措施的上下衔接和具体落实应当在风险预案和评估中得到重视。

（三）风险细化与个人信息分阶段保护

风险预防与场景导向可能面临精确性的质疑，[①] 但实际上风险可以被客观细化并发挥重要的实践价值。风险预防的个人信息分阶段保护要求每个阶段均要合比例分析。[②] 具体而言：

1. 个人信息收集阶段

个人信息的收集是后续处理活动的前提，合理的个人信息处理活动要求国家机关必须遵守信息收集的必要性以及相应的程序性义务，而在行政应急权力扩张的事实面前，如何切实遵守相应义务成为国家机关作为个人信息处理者所必须回应的问题。以权利人为中心，要求在权利主体和数据处理客体的转换中，体现尊重和照顾。这种心灵要求在个人信息处理活动伊始就应当得到考量。即使"告知—同意"规则发生适用变化，公法权利义务所发挥的价值导向与程序塑造功能也必须以新的样态落实到国家机关的个人信息处理活动中。[③] 针对线下收集的情形，避免机械执法、暴力执法，及时沟通交流甚为必要；针对线上收集的情形，统一告知义务的成本其实更低，应以增进理解信任为目标设计"格式文本"，同时配置线上沟通渠道以释明个别相对人的疑惑。

2. 个人信息存储阶段

合理的个人信息处理活动要求国家机关强化信息数据的安全保护义务，一方面预防信息数据的超期存储，另一方面预防信息数据的泄露危机。[④]《个人信息保护法》第 19 条明确规定个人信息的保存期限应当为"实现处理目的所必要的最短时间"。因此，若无法律、行政法规的特殊规定，应急状态下个人信息的流调处理应当严格限于直接的、具体的应急事项，避免信息数据的无限期存储。而针对处于存储期间内的信息数据，行政应急实践中已经屡次出现信

---

① 有学者指出场景和风险导向理念存在的恣意和不确定性只会加剧个人信息保护和利用中的乱象，参见吕炳斌：《个人信息保护的"同意"困境及其出路》，载《法商研究》2021 年第 2 期。

② See Ben Green et al. , *Open Data Privacy* (2017), Berkman Klein Center Research Publication (11 June 2022), https：//dash. harvard. edu/bitstream/handle/1/30340010/OpenDataPrivacy. pdf？sequence＝5.

③ 公法权利在行政最佳性分析中具有价值导向和程序塑造功能，参见徐以祥：《行政法学视野下的公法权利理论问题研究》，中国人民大学出版社 2014 年版，第 158—185 页。

④ 张涛：《政府数据开放中个人信息保护的范式转变》，载《现代法学》2022 年第 1 期。

息数据泄露事件，如何"对症下药"成为个人信息保护领域的社会关注焦点。其中担忧在于，个人信息一旦泄露，将使权利本就受到部分限制的公民遭受身心上的二次伤害，事后救济并非个人信息权益保护的理想路径。此外，伴随着个人信息泄露成为某些刑事犯罪的源头，[①] 权益受损的担忧在更广意义上或将引发民众对于社会生活与国家治理的深层次信任危机。

3. 个人信息公开、使用阶段

出于应急管理之需要，行政应急状态下国家机关处理公民个人信息往往具有直接的针对性，这意味着信息一旦被泄露或者非法使用，容易导致自然人的人格尊严、人身安全、财产安全等受到侵害，如特定身份、医疗健康和行踪轨迹等。《个人信息保护法》虽然专节规定敏感个人信息的处理规则，但并未侧重考量国家机关作为个人信息处理者的情形。所谓的"单独同意""书面同意"以及特殊告知义务等实际上只是常态情形下"告知—同意"规则的强化，然而行政应急状态下国家机关处理个人信息的合法性基础已然发生转变。敏感个人信息在公开之前必须预先脱敏，严格目的限制，禁止国家机关过度披露个人信息，避免其他主体从公开信息中直接识别到具体个人。在个人信息的进一步使用中，虽然使用目的基于风险行政、数据开放等背景不宜机械限定，国家机关可以针对必要情形突破收集时的目的范围，[②] 但任何使用都必须与风险考量、安全保障相匹配，不能随意地进行数据聚合。

（四）"参与—沟通"空间的重新构造

政府行为的可接受性是民主与法治的传统议题。通过正当程序中的权利义务安排，法律营造出"参与—沟通"空间，政府行为的可接受性正是在此空间中被获得。然而，当"权力—权利"格局处于事实上的失衡状态，传统正当法律程序已然受到冲击，规范层面具有诸多理想化成分的程序性商谈空间事实上已被压缩。这样一来，行政应急状态下国家机关的个人信息处理活动极易受到公众的质疑而不被认可、接受。个人信息处理活动关乎个体尊严与社会发

---

① 2022年3月，最高检公布数据显示当前电信网络诈骗犯罪中公民个人信息泄露问题较为突出，需要强化诉源治理。参见闫晶晶、谷芳卿：《检察机关全链条惩治电信网络诈骗犯罪》，载中华人民共和国最高人民检察院网，https://www.spp.gov.cn/zdgz/202203/t20220303_546743.shtml，最后访问日期：2022年6月7日。

② 当前大多数信息数据的使用仍然要遵守目的限制的要求，但不能将目的限制绝对化，利用与保护的平衡应当更加关注配套的安全保障措施。参见宋烁：《论政府数据开放中个人信息保护的制度构建》，载《行政法学研究》2021年第6期；宋华琳、郑琛：《论政府数据开放中的数据安全保护制度》，载《中国司法》2022年第3期。

展，无论从秩序维护的角度出发还是从权益保护的角度出发，应急权力的行使都应当保有"参与—沟通"空间，"只有利害关系人共同承担责任并共同参与，在个人自由与社会需求之间，才能有平衡的关系。"① 基于事理与经验，如下要素不可或缺：

1. 权力行使的底线思维和转换思维

当程序简化成为应急状态下效率行政的客观要求，底线思维意味着合理的、可接受的行政活动，行政应急权力也有着不可逾越的法治底线；转换思维意味着传统规范并非在积极行政中被排除，其所蕴含的价值要求应当因时因事地在过程中得到遵守。就常态情形下的简易程序而言，《行政处罚法》在严格适用情形的基础上对现场执法人员明确了诸多程序性义务，而针对愈发普及的非现场、非接触执法，可以尝试从具有针对性的短信通知、电子签章、平台反馈以及线下沟通等增补规范中转换实现传统程序所承载的正义理念。② 同理，行政应急状态下国家机关处理公民个人信息虽然面临"同意规则让步""告知规则松动"等适用变化，但仍然必须在《个人信息保护法》第 28、34 条所确立的框架内进行。根据前文分析，个人信息处理活动合法性基础的转变只是减免一般的法定程序义务，但这并不意味着处理者可以拒绝与被处理者进行任何实质的沟通交流。新情形、新形式应当充分被纳入考量，政府与公民之间的良性互动是合理行政的前提和保障。

2. 多途径、多渠道保障公众参与

及时性处理对时间、效率提出了更高的要求，导致行政活动过程中的单方性不可避免地增强，对此，公众参与可以相应地转移到事前与事后。具体而言，在事前阶段，个人信息保护在预案设计中就应当作为重要的考量因素，而这个设计过程应当吸纳社情民意。考虑到时间、成本等问题，为确保后续措施的正确、合理，可以形成"公众—专家—决策者"的交流模式，充分发挥专家意见的上下衔接作用；在事后阶段，国家机关要主动地对及时性措施进行解释，提供民意交流的渠道以及申诉救济的渠道。事前阶段很大程度上决定了国家机关个人信息处理活动的正确性与合理性，事后阶段则更需要确保对实践过程中所暴露出的问题有针对性的解决。

3. 正向发挥村委会、居委会等自治性组织的沟通作用

行政应急状态下国家机关处理公民个人信息的一个棘手问题是，国家与公

---

① ［德］施密特·阿斯曼：《秩序理念下的行政法体系建构》，林明锵等译，北京大学出版社 2012 年版，第 111 页。

② 余凌云：《交警非现场执法的规范构建》，载《法学研究》2021 年第 3 期。

民之间或者说顶层的决策群体与基层的受众群体之间存在"管理鸿沟",谁来承担起应急权力行使的缓冲任务？在具体的决策措施落实到目标群体之前,不同层级和地区的机关组织之间应当按照"依法履职"和"尽职免责"的活动准则,切实细化个人信息处理活动的规范要求；而在执行过程中,基层群众自治性组织基于其自我管理、自我教育和自我服务的目标定位,在理论上有助于消解行政应急权力行使的刚性。单纯的应急管理容易造成权力与权利的矛盾冲突,充分发挥村委会、居委会和社区等的上传下达作用,可以在关系最为紧张的执法终端营造交流沟通的和谐空间。个体的被尊重与权益的被保护最容易在服务型关系中获得,村委会、居委会和社区等的角色定位并非行政机关在基层的延伸,① 在"参与—沟通"空间中,民众不是消极地被管理,而是实质性地在参与。村委会、居委会等自治性组织要在利益分化中整合共同的价值取向,② 一方面,要考量具体民意从而合理"下达"应急措施,使民众理解、信任和接受国家机关的个人信息处理活动；另一方面,要积极"上传"民众的担忧和疑虑,发挥好重要的监督作用。

五、结语

个人信息保护需要在一个牢靠的框架内进行内容编排。法律关注的是主体以及主体间互动的行为机制,其作用不在于编排精细的内容,而是建构起正当行为的规范框架。国家机关为依法履职、应急需要等处理个人信息的活动应当在权力基础、行为目的、行为性质以及归责机制等方面满足合法性要求,③ 并在合法的基础上达至合理的目标。利用与保护相平衡的公共理性,单靠公民个体和社会力量难以达致,必须由国家承担保护义务；而当国家本身作为个人信息处理者,其自身的信息处理活动也要符合公共理性的要求。公共领域靠自己来解决问题的能力是有限的,但这种能力必须用来监督政治系统之内对问题的进一步处理。④ 国家机关应当确保和维护所涉主体的"参与—沟通"空间,这是传统"告知—同意"规则作为个人信息处理活动的一般合法性基础的价值

---

① 关于基层治理中行政与自治的关系,可参见沈立里、池忠军：《"去行政化"的限度：获得感视角下居委会社区治理困境论析》,载《理论月刊》2022 年第 3 期。

② 王谢平、郝宇青：《双重角色的社区居委会何以调处多元主体参与社区治理——政治技术视角的分析》,载《社会科学》2021 年第 8 期。

③ 王锡锌：《行政机关处理个人信息活动的合法性分析框架》,载《比较法研究》2022 年第 3 期。

④ ［德］哈贝马斯：《在事实与规范之间：关于法律和民主法治国的商谈理论》,童世骏译,生活·读书·新知三联书店 2003 年版,第 445 页。

要求，即从本质出发是个人尊严的落实，从外部效果来看是行为理性的获得。国家机关在应急状态下依法履职，仍然需要接受"告知—同意"规则的价值导向，必要的沟通义务需要以新的形式实现：一方面，要保障公民自下而上的参与，而基于应急管理的及时性，这种参与可以向前、向后调整；另一方面，要充分实现自上而下地沟通，使得权力在作用于权利之前得到理解与信任。

行政应急状态下的个人信息权益保护不应以传统的赋权思维去强调权利对权力的制衡。事实上，个人信息受到法律的专门保护与计算机和网络技术带来新型社会风险密切相关。以风险预防视角观之，行政应急状态下个人信息保护的重心在于预防国家机关在个人信息处理活动中的可能风险。一旦国家机关逾越合理行政的范围，政府行为的可接受度将受到质疑，公民的个人信息权益也将面临受损的危险。基于风险社会与积极行政背景，法律与技术、法律与政策的关系需要在社会治理层面得到更为深入的探讨，法律形式的组织规范和行为规范究竟应当发挥怎样的作用？当法治的形式要求不能及时应对实践状况，基于事理和经验，如何落实合理性目标，以弥补合法性分析框架的不足？如果认可公共理性源于主体间的沟通交流，那么"参与—沟通"空间的实践建构就应当成为社会治理的重要内容。

（责任编辑　高　洁　何丽琼）

政府数据开放中的个人信息保护：
风险、不足与完善

李 晨*

摘 要：功能主义指引下的政府数据开放虽具有促进公共利益的目的与用途，但仍应注重保护个人信息主体的信息权益，实现效率与安全的平衡。现有分散式地方立法中保护个人信息的核心措施为匿名化，然而技术性的匿名化措施有一刀切之嫌，将复杂的利益平衡与精细的制度构建问题简单化，易引发保护不足与过度保护的双重问题。为此，可引入风险预防原则作为保护新理念，推动构建个人信息影响评估机制，以分级分类保护作为新制度，构建起向前回溯和向后延伸的全流程个人信息保护机制，从而达成政府数据开放的公益面向和个人信息保护的私益面向之间的动态平衡。

关键词：政府数据开放 个人信息保护 匿名化 风险预防原则 全流程保护

一、问题的提出与研究理路

政府数据开放是指政府将其在履行公共管理和服务的职责过程中，直接制作或间接获取的以一定形式记录和保存的各类数据资源，基于全面、及时、免费与非歧视等原则开放给个人、企业等数据利用主体使用的动态过程。① 政府数据开放具有强烈的公益面向，以促进经济发展、鼓励社会创新和推动数字时

---

* 李晨，中央财经大学法学院 2021 级硕士研究生。

① 参见郑磊：《开放不等于公开、共享和交易：政府数据开放与相近概念的界定与辨析》，载《南京社会科学》2018 年第 9 期。

代政府治理变革为发展动因，本质是政府依照法定权限为社会公众提供的一项公共服务。① 有学者指出，数字时代爆炸增长的数据资源主要是和人及其行为相关的数据，② 政府数据中同样存在大量个人信息数据资源，如果开放不当将侵犯个人信息主体的信息权益。亦有学者指出，政府数据开放虽以公共利益为依托，但同样不能忽视对个人信息私益的保护，需要构建一种能够平衡公共利益和个人隐私的机制。③

通过考察涉及政府数据开放的 30 多件地方性立法后发现，目前维持这种公私利益平衡的核心措施在于匿名化。④ 虽然《个人信息保护法》第 4 条明确规定个人信息不包括匿名化处理后的信息，貌似通过匿名化可以规避一切个人信息侵害风险，然而，此种一刀切式的举措依然蕴含着对个人信息的保护不足与过度保护的双重问题。

本文首先从抽象角度出发探究个人信息权益在政府数据开放各阶段可能面临的各种侵害风险；其次，通过考察既有地方政府数据开放立法实践，归纳总结其采取的个人信息保护措施之核心与逻辑，具象地梳理当下政府应对个人信息侵害风险的现状及其不足；最后，通过借鉴比较法上的成功经验，结合《个人信息保护法》与《数据安全法》的最新规定，针对既有保护措施的不足，提出完善政府数据开放中保护个人信息权益的若干建议。

二、政府数据开放中个人信息保护面临的侵害风险

在学理上，国内有学者借助"数据生命周期理论"构建了政府数据开放的生命周期管理模型，提出了政府数据开放包括数据创建与采集、数据组织与处理、数据存储与发布、数据发现与获取、数据增值与评价五个相互关联、连续迭代的阶段。⑤ 国外也有学者认为："政府数据开放不是静态的单一行为而

---

① 参见王锡锌、黄智杰：《公平利用权：公共数据开放制度构建的权利基础》，载《华东政法大学学报》2022 年第 2 期。

② 参见宋烁：《论政府数据开放中个人信息保护的制度构建》，载《行政法学研究》2021 年第 6 期。

③ 参见何渊：《政府数据开放的整体法律框架》，载《行政法学研究》2017 年第 6 期。

④ 匿名化措施的底层逻辑在于：既然可识别性是个人信息的核心标准，那么通过匿名化、数据脱敏等技术措施从根本上消除个人信息的识别性要素便可解决侵犯个人信息的问题。See Ira S. Rubinstein & Woodrow Hartzog, *Anonymization and Risk*, 91 Washington Law Review 703, 704 (2016).

⑤ 参见黄如花、赖彤：《数据生命周期视角下我国政府数据开放的障碍研究》，载《情报理论与实践》2018 年第 2 期。

是动态的连续过程"。① 在立法上，现有地方立法文本中明确出现了"采集汇聚""存储""开放""利用"等逻辑有序、衔接顺畅的提法。②

本文以已有研究成果为基础并结合我国地方政府数据开放的立法实践，将政府数据开放解构为五个阶段：数据制作收集、数据汇聚转换、数据存储管理、数据公开获取和数据利用分发，从法规范的层面探究数据开放全流程中蕴含的各类个人信息侵害风险，抽象地勾勒出政府数据开放与个人信息保护之间的张力图谱。

（一）数据制作收集阶段

数据制作与收集是政府数据开放的基本前提，从本质来说，政府数据开放中的数据制作收集过程与国家机关在一般性的个人信息处理活动中的数据收集行为无异。因为政府所开放的数据本就是各级各部门政府在履行职责时依照法定程序和权限收集来的。政府数据开放的底层逻辑只是将政府已经收集来的各类数据无偿开放给社会公众使用而不是为了开放再去重新收集数据。因此，数据制作收集阶段和一般情形下国家机关在处理个人信息时一样，完全可以套用《个人信息保护法》关于个人信息处理规则与国家机关处理个人信息的特别规定来判断个人信息被侵害的风险。

有必要说明的是，知情同意原则虽是体现自然人对个人信息控制权的核心制度，被视为采集自然人信息的合法性基础，③ 但其同样存在例外情形，依据《个人信息保护法》第13条第3项，公权力机关在处理个人信息时以"为履行法定职责或者义务所必需"作为处理个人信息的基石，并不以取得个人同意为收集信息的前置条件。因此，政府数据开放中数据收集阶段的个人信息侵害风险一般不包括"未取得个人同意而收集信息"，其风险来源判断应以《个人信息保护法》第34条和第35条为准据，④ 主要包括政府超出必须的限度和范围过度收集个人信息以及未履行告知义务收集个人信息两类。例如，在网络平台向政府履行数据报送义务时，部分执法部门存在过度索要数据与未告知数

---

① See Judie Attard, Fabrizio Orlandi & Simon Scerri et al. , *A Systematic Review of Open Government Data Initiatives*, 32 Government Information Quarterly 399, 399（2015）.

② 参见《贵阳市政府数据共享开放条例》《浙江省公共数据条例》有关章节标题。

③ 参见郑佳宁：《知情同意原则在信息采集中的适用与规则构建》，载《东方法学》2020年第2期。

④ 《个人信息保护法》第34条规定："国家机关为履行法定职责处理个人信息，应当依照法律、行政法规规定的权限、程序进行，不得超出履行法定职责所必需的范围和限度。"第35条规定："国家机关为履行法定职责处理个人信息，应当依照本法规定履行告知义务……"

据用途的情况，收集了与执法决策不相关的个人信息。①

（二）数据汇聚转换阶段

在数据开放实践中，负责数据开放工作的一般是采集到数据的各辖区、各部门政府，也即数据采集主体与数据开放主体具有同一性。② 然而政府数据开放并不是分散式的"单打独斗"，而是要依托统一的数据开放平台有序进行。以《贵阳市政府数据共享开放条例》为例，其第9条第1款规定：市人民政府依托"云上贵州"贵阳分平台，统一建设政府数据共享平台和政府数据开放平台，用于汇聚、存储、共享、开放全市政府数据；第10条规定：行政机关应当将本辖区、本机关信息化系统纳入市级政府数据共享开放工作统筹管理，并且提供符合技术标准的访问接口与共享平台和开放平台对接。可见，各级部门收集到数据后并不是直接进行开放，而是要将本部门的数据汇聚提交到统一的开放平台上。在数据汇聚完成后，还要对数据的格式进行转换，比如将多种格式的数据统一转化为 DOC、PDF、XSL 等标准化的电子格式，③ 这是政府数据开放基本原则之一的可机读性原则的要求，对于实现数据的利用价值具有重要意义。

对数据的汇聚整理与格式转换虽然不直接与个人信息主体打交道，但同样存在侵犯个人数据权益的可能，主要表现为行政机关在数据转换与汇聚的过程中违反准确性义务。依据《个人信息保护法》第8条，处理个人信息应当保证个人信息的质量，避免因个人信息不准确、不完整对个人权益造成不利影响。行政机关在数据转换与汇聚的过程中可能会因操作不当、系统不稳等主客观原因而产生漏记、错记等不完整、不准确问题从而对个人信息权益造成影响。

（三）数据存储管理阶段

数据存储管理，即对海量政府数据进行记录、保存、归类与处理的过程。实践中，数据的汇聚、存储与开放是在统一的政府数据开放平台上进行的，早

---

① 参见刘权：《论网络平台的数据报送义务》，载《当代法学》2019 年第 5 期。

② 《上海市数据条例》第 42 条第 1 款和第 2 款规定："本市依托市大数据资源平台向社会开放公共数据。 市级责任部门、区人民政府以及其他公共管理和服务机构分别负责本系统、行业、本行政区域和本单位的公共数据开放，在公共数据目录范围内制定公共数据开放清单，明确数据的开放范围、开放类型、开放条件和更新频率等，并动态调整。"

③ 参见薛智胜、艾意：《政府数据开放的概念及其范围界定》，载《财经法学》2019 年第 6 期。

在 2019 年我国就已建成了 82 个数据开放平台，① 美国、英国、澳大利亚、日本等发达国家也纷纷建成了域名为 www. data. dov 的国家级政府数据开放平台。数据的存储与管理实为数据开放的重要阶段，其为后续的数据公开与利用奠定基础。

然而，该阶段同样存在不可忽视的个人信息侵害风险。依据《个人信息保护法》第 19 条的规定，个人信息的保存期限应当为实现处理目的所必要的最短时间。② 无论是在行政机关自己内部的数据库还是在统一的数据开放平台中，都存在保存个人信息时间过长、超出处理目的所需的最短时间之可能。不难理解，对个人信息的保存期限愈长，个人信息权益遭受侵害的可能性就愈大。③ 因为存储在政府平台与数据库中的个人数据可能会因内部管理措施不当和遭受外部侵袭等因素而泄露，而这本可以通过将存储期限已经届满的个人数据及时删除而避免。

（四） 数据公开获取阶段

数据公开获取即数据开放阶段是政府数据开放的最核心步骤，被称为狭义的政府数据开放。数据公开是政府数据开放区别于一般情形中国家机关处理个人信息的最本质特征，后者一般只涉及信息的采集、存储，至多还涉及提供给其他行政机关内部共享或限于一定范围内的特定主体知晓；而数据开放则是将行政机关掌有的数据无歧视地开放给所有社会公众使用。依据《个人信息保护法》第 10 条的规定，任何组织和个人不得非法提供或公开他人个人信息，原则上政府开放给社会利用的数据是不能包含任何个人信息的，除非该行为有明确的规范依据或取得个人同意。

毋庸讳言，数据开放阶段对个人信息造成危害的最大可能便是本该保密的个人信息被不当披露，尤其是敏感个人信息或个人隐私遭到泄露。④ 政府在开放其数据时可能由于未将数据匿名清洗、脱密脱敏而使得个人信息被不当披

---

① 参见复旦大学数字与移动治理实验室发布的《2019 年中国地方政府数据开放报告》。

② 《个人信息保护法》第 19 条规定："除法律、行政法规另有规定外，个人信息的保存期限应当为实现处理目的所必要的最短时间。"

③ 参见项定宜：《个人信息处理必要性原则的规范体系研究》，载《北方法学》2021 年第 5 期。

④ 《个人信息保护法》第 28 条规定："敏感个人信息是一旦泄露或者非法使用，容易导致自然人的人格尊严受到侵害或者人身、财产安全受到危害的个人信息……"关于个人信息、敏感个人信息与个人隐私三者的关系，有观点认为，个人信息注重身份的识别性、个人隐私注重私密性，而敏感个人信息是联系两者的桥梁，个人敏感信息属于个人隐私。故此，本文不严格区分敏感个人信息与个人隐私，将二者等同使用。参见孔繁华：《政府信息公开中的个人隐私保护》，载《行政法学研究》2020 年第 1 期。

露，进而导致社会公众将特定身份主体识别出的后果。若披露的个人信息中含有敏感成分，则不单单会产生识别出特定个人的后果，还极易侵犯该自然人的人格尊严、危害其人身、财产安全。事实上，公民个人信息被不当披露的例子时常在生活中上演，例如，许多地方疾控部门发布新冠确诊病例的流调信息时，范围不仅涉及姓名、性别等，还包括个人详细家庭住址、工作单位、联系方式等信息，此种"示众式"的流调信息发布方式引致了诸多批评。① 值得注意的是，由于政府数据开放是将其掌握的数据无差别地提供给全部社会公众，其数据受众量巨大，由此造成的识别风险与敏感个人信息泄露所造成的危害后果，可能会比其他个人信息处理行为高出一个甚至几个数量级。②

（五）数据利用分发阶段

数据的利用与分发是政府数据开放的目的，不同于政府信息公开基于公民知情权保护"知"的目的，政府数据开放更侧重于"用"。③ 此阶段的一大显著特征就是数据的实际控制权由政府转移到了社会公众等第三方主体手中，由此，从数据收集到数据开放之前各阶段中政府采取的个人信息保护措施都无法再直接作用于数据开放后的第三方使用阶段，可能引发新的个人信息侵害风险。④

在地方数据立法实践中，数据开放主体会和数据利用主体订立数据开放许可协议约定数据使用的用途，如《浙江省公共数据条例》第 33 条第 4 款规定，申请人应当按照开放利用协议约定的范围使用数据。此规定体现了被称为《个人信息保护法》帝王条款的"目的限制原则"。⑤ 然而，尽管政府在收集数据时的目的是合理、正当的，并且用途与目的直接相关，但数据利用主体在获得数据后却可能将其另作他用，从事与最初收集目的并不相关的工作。此外，随着数据再识别技术的不断发展，还存在掌握相关技术的数据利用主体重新识别出数据中个人信息的风险。

---

① 参见王锡锌：《行政机关处理个人信息活动的合法性分析框架》，载《比较法研究》2022 年第3 期。

② 参见邹东升：《政府开放数据与个人隐私保护：加拿大的例证》，载《中国行政管理》2018 年第 6 期。

③ 参见丁晓东：《从公开到服务：政府数据开放的法理反思与制度完善》，载《法商研究》2022 年第 2 期。

④ 参见宋烁：《论政府数据开放中个人信息保护的制度构建》，载《行政法学研究》2021 年第 6 期。

⑤ 《个人信息保护法》第 6 条规定："处理个人信息应当具有明确、合理的目的，并应当与处理目的直接相关，采取对个人权益影响最小的方式。　收集个人信息，应当限于实现处理目的的最小范围，不得过度收集个人信息。"

三、既有个人信息保护制度及其存在的问题

厘清政府数据开放各阶段可能产生的种种个人信息侵害风险后，应将目光进一步聚焦到当下政府是如何应对这些风险的，否则对二者互动关系的探究就只能停滞在脱离现实发展的纯理论层面，欠缺对策型学术研究所需的问题导向性与现实针对性。本部分将从实证研究的角度系统梳理现有地方立法保护个人信息的核心举措，并分析其在应对个人信息侵害风险时所存在的问题。

（一）匿名化处理：既有个人信息保护制度之核心

政府数据开放应注重社会公共利益与个人信息权益的平衡，而政府数据开放的范围或类型则是把握二者平衡关系的肯綮。事实上，政府在规制数据开放过程中的个人信息侵害风险时也的确将重心放在了开放范围或类型上，意图以数据开放的范围或类型为抓手控制潜在的侵害风险。[①] 现有的地方政府数据开放立法可划分为三种类型化模式：

第一，笼统式。只规定开放范围可划分为无条件开放、有条件开放与不予开放三类，而没有进一步明确三种类型具体包含哪些数据。例如，《天津市促进大数据发展应用条例》第 21 条规定了政务数据开放分为无条件开放、有条件开放和不予开放三种类型，但该法并没有明确这三种类型具体包含哪些数据。因此，对于包含个人信息或个人隐私的数据究竟能否开放将取决于行政机关的自由裁量。此种模式在地方立法实践中数量极少，只有个别省份采用。

第二，严格式。在规定了数据开放类型的同时，明确将个人信息和个人隐私置于不予开放的类型且未设置任何例外规定。例如，《深圳经济特区数据条例》第 48 条规定，不予开放的公共数据是指涉及国家安全、商业秘密和个人隐私或法律、法规规定不得开放的公共数据，但该法并没有对个人隐私经过脱敏处理后可纳入开放范围进行例外规定。毋庸置疑，严格式的保护模式对个人信息的保护力度最大，但其可能会损害数据的利用价值、贬损政府数据开放的功效，因而并不是现有地方政府立法模式的普遍选择。

第三，折中式。在将涉及个人信息、个人隐私的数据纳入不予开放类型的同时，设置例外规定允许其在特定情形下进行开放。此模式是目前地方立法实践的普遍选择，因其在保护个人信息权益与数据开放利用的社会效益之间达成

---

① 参见宋烁：《政府数据开放宜采取不同于信息公开的立法进路》，载《法学》2021 年第 1 期。

了更精细化的平衡。此处以表格的形式列举 8 部具有代表性的地方性法规或地方政府规章的规定：

折中式立法模式表

规范名称	条文序号	条文内容
《浙江省公共数据条例》	第 30 条第 2 款第 1 项	前款第三项规定的公共数据有下列情形之一的，可以列入受限开放或者无条件开放数据：（一）涉及个人信息的公共数据经匿名化处理的；……
《贵州省政府数据共享开放条例》	第 22 条	行政机关在开放政府数据前，应当对拟开放的敏感数据进行脱敏处理，防止泄露国家秘密、商业秘密、个人信息和隐私。
《广东省公共数据管理办法》	第 32 条第 4 款	涉及商业秘密、个人隐私，或者根据法律、法规、规章等规定不得开放的公共数据，不予开放。但是，经过依法脱密、脱敏处理或者相关权利人同意开放的，应当开放。
《福建省政务数据管理办法》	第 29 条第 2 款	除法律、法规另有规定外，涉及商业秘密、个人隐私的政务数据应当进行脱密脱敏处理后开放。
《浙江省公共数据开放与安全管理暂行办法》	第 14 条第 2 款	前款所列的公共数据，依法已经脱敏、脱密等技术处理，符合开放条件的，可以列为无条件开放类或者受限开放类公共数据。省网信、公安、经济和信息化、公共数据等主管部门负责制定公共数据脱敏技术规范。
《贵阳市政府数据共享开放条例》	第 18 条第 2 款	前款第一项至第三项规定的政府数据，依法已经解密或者经过脱敏、脱密等技术处理符合开放条件的，应当向社会开放。
《上海市数据条例》	第 41 条第 3 款	非开放类公共数据依法进行脱密、脱敏处理，或者相关权利人同意开放的，可以列入无条件开放或者有条件开放类。
《上海市公共数据开放暂行办法》	第 11 条第 3 款	非开放类公共数据依法进行脱密、脱敏处理，或者相关权利人同意开放的，可以列入无条件开放或者有条件开放类。

如前所述，现有地方政府数据开放立法采取笼统式与严格式模式的数量较少，并非我国政府数据开放中个人信息保护制度的主流，而折中式的立法模式因其达致的法益平衡效果得以成为地方政府的首选。通过上表可以清晰地看出，我国现阶段采取的个人信息保护模式的核心特点是对个人信息与个人隐私进行匿名化或脱敏处理。地方政府采取匿名化措施的基本逻辑起点在于：既然识别性是个人信息的核心标准，那么借助技术手段对其中的可识别性要素进行删除、加密等匿名化处理就可以达致自然人无法被识别出的效果。鉴于《个人信息保护法》明确规定了匿名化后的信息不属于个人信息，行政机关借由匿名化不仅可以保护个人信息权益，而且还可脱离《个人信息保护法》的规制避免承担相应责任。

具体而言，《个人信息保护法》第 73 条第 4 项明确规定"匿名化，是指个人信息经过处理无法识别特定自然人且不能复原的过程"，但未进一步规定何为"脱敏"。有学者认为，"数据脱敏"是针对个人隐私等敏感数据而采取的通过删除敏感信息或数据加密等方法从而使自然人无法被识别出的不可逆过程，其也被称为数据的"匿名化"。[①] 由此可见，匿名化与脱敏之本质均是通过去除个人信息中的可识别要素使特定主体无法被识别出，[②] 二者的区别仅在于匿名化可以针对个人信息、敏感个人信息与个人隐私三者同时适用，而脱敏处理一般针对敏感信息与隐私适用。故此，本文以范围更广的匿名化同时代指地方立法中出现的"匿名化"和"脱敏"措施，对于二者的细微差别不予苛纠。

综上所述，现有地方立法对个人信息保护的核心理念倾向于"结果主义思维"，受到传统隐私法影响较大，重点关注政府数据在公开时的状态，[③] 希冀通过匿名化措施消除数据的可识别性，从而一劳永逸地消解个人信息被侵害的风险，这一措施也得到了法律的肯认，成为现阶段个人信息保护制度的核心措施。相较于笼统式和严格式的个人信息保护模式，"结果主义思维"指引下的匿名化措施固然确定性更强并且在一定程度上考虑了不同法益间的平衡，然而其依旧存在对个人信息权益的保护不足与过度保护的双重问题。

---

① See Raghunathan, Balaji, *The complete book of data anonymization：from planning to implementation* CRC Press，2013，p. 4. 转引自王肃之：《大数据环境下法人信息权的法律保护——以脱敏数据权利为切入点》，载《当代经济管理》2018 年第 8 期。

② 参见张晨原：《数据匿名化处理的法律规制》，载《重庆邮电大学学报（社会科学版）》2017 年第 6 期。

③ 参见张涛：《欧盟个人数据匿名化治理：法律、技术与风险》，载《图书馆论坛》2019 年第 12 期。

（二）保护不足与过度保护：既有个人信息保护制度的问题

1. 保护不足之一：匿名化无法消解开放阶段以外的个人信息侵害风险

数据匿名化已然成为地方政府数据开放立法实践中个人信息保护的核心措施，并且几乎承担了平衡数据利用法益与个人信息权益的全部重量。以《贵阳市政府数据共享开放条例》为例，① 该法分为"总则""数据采集汇聚""数据共享""数据开放""保障与监督""法律责任"及"附则"七部分，然而其中涉及个人信息保护措施的条款仅有 1 条，即第四章"数据开放"中的第 18 条。该条核心意旨为：涉及个人隐私的数据原则上不予开放，但如果采取了脱敏等技术处理的应当向社会开放。虽然数据公开阶段无疑是把握法益平衡的肯綮阶段，数据匿名化措施也不失为保护个人信息权益的有益措施，然而在"结果主义思维"指引下，意图仅通过匿名化措施以消解政府数据开放五个阶段中蕴含的全部个人信息侵害风险是远远不够的。

本文第三部分已就政府数据开放各阶段所蕴含的差异化个人信息侵害风险进行了讨论，现有的匿名化措施显然无法覆盖除数据公开阶段外的其他四阶段的个人信息侵害风险。正如有学者所指出的那样，"以匿名化为核心的结果主义保护范式主要受到传统隐私法的影响，但其并不适用于政府数据开放的具体场景。"② 的确，匿名化的保护方法忽视了与其他四个阶段个人信息保护措施的协同，其将关注点放在了数据开放时的状态和性质上，而未关注到数据生成、存续与后续的利用情况，无法满足数据生命周期理论下对数据运动的联系性与过程性要求，引发了个人信息保护不足问题。

2. 保护不足之二：匿名化效用面临再识别风险的新挑战

目前，学界对匿名化效用的质疑与批判主要体现在三个层次上：

首先，对匿名化措施本身的反思。有学者认为匿名化的规范价值非常有限，因为想要达到"经过处理无法识别特定自然人且不能复原"这一标准在技术上尚不可能，并且也无法对匿名化措施制定具体的法律标准。③ 本文不去过多纠结现有技术条件下匿名化是否真的可以实现其预定目标，不妨假定匿名化措施本身是行之有效的，而将关注的重点集中在匿名化措施面临的特殊情况上。

---

① 仅在中国知网中以"贵阳市政府数据共享开放条例"为关键词便可检索到 25 篇学术论文，这仅是直接以"贵阳市政府数据共享开放条例"作为研究对象的文章，还不包括其他涉及该规范性文件的文章。

② 张涛：《政府数据开放中个人信息保护的范式转变》，载《现代法学》2022 年第 1 期。

③ 参见刘颖、谷佳琪：《个人信息去身份化及其制度构建》，载《学术研究》2020 年第 12 期。

其次，对不同数据集聚合带来的识别风险的关注。实践中，政府在开放数据时是以包含大数据的数据集形式进行，[①] 而不是提供单个、孤立的信息点。数据集中包含的数据规模是庞大的，尤其是在多个数据集聚合的情形中，在算法模型与技术加持的帮助下，数据利用者可能利用数据集的组合效应，将零散的信息整合起来，通过筛选、关联进而推断出一个新的可识别个人的数据。也就是说，在传统的个人信息处理情形下，基于数据获取者所掌握数据规模的有限性，匿名化措施可以有效防止识别风险；而在政府数据开放的新处理模式下，匿名化措施并不能完全防止数据集聚合而带来的再识别风险。[②]

最后，对去匿名化技术带来的再识别风险的担忧。在匿名化技术发展的同时，去匿名化技术也在快速发展。国外有学者指出，"在数据驱动的世界中，通过删除标识符创建匿名数据集的过程只能发挥有限的作用，一方面是因为由用户产生的数据很少被完全不可逆的匿名化，更重要的是随着去匿名化技术的发展，大数据可以通过组合非个人数据的数据集而实现对用户的重新识别"。[③] 国内学者对个人信息的再识别风险亦有探讨，多数观点认为，随着大数据分析技术的不断提高，再识别个人匿名化、假名化数据会越来越容易，个人信息面临再识别的风险挑战。[④] 综上，匿名化的效用正在面临来自政府数据开放的特定语境与不断发展的大数据分析技术的双重挑战，匿名化措施单纯强调"以技术制衡技术"的规制思路与手段逐渐暴露出了诸多的局限性。然而危机中同样孕育转机，现有地方立法规制措施存在的问题也在提示我们在未来中央层面的数据开放专门立法时转变规制思路、调整规制措施的必要性。

3. 过度保护问题：一刀切式的匿名化处理易减损数据的利用价值

不可否认的是，相较于笼统式和严格式的立法模式，匿名化措施在平衡数据开放利用效益与个人信息权益之间无疑更为先进，然而这并不意味着其不存在任何改进的空间。现有的匿名化措施并没有区分不同数据类型中蕴含的个人信息侵害风险的大小，而是一刀切式地将所有包含个人信息的数据均予以匿名化的处理，在完全消除个人信息的颗粒度的同时也减损了数据的利用价值。具体体现为，对数据价值的最大化挖掘离不开对数据与数据之间关联性的分析，而匿名化在消除个人信息的同时可能会消除数据点之间的联系，并且这一过程

① 参见郑磊：《开放政府数据研究：概念辨析、关键因素及其互动关系》，载《中国行政管理》2015 年第 11 期。

② 参见孙南翔：《论作为消费者的数据主体及其数据保护机制》，载《政治与法律》2018 年第 7 期。

③ See Mira Burri, *Big Data and Global Trade Law*, Cambridge University Press, 2021, p. 14.

④ 参见刘权：《政府数据开放的立法路径》，载《暨南学报（哲学社会科学版）》2021 年第 1 期。

是不可逆的，将引发对政府开放出的数据是否具有真实效应的担忧。

事实上，正是基于对匿名化引发的过度消除数据点关联性后果的担忧，有学者主张应以"去标识化"替代"匿名化"，[①] 其关切在于，尽管去标识化的个人信息识别风险更高，但对数据点关联性的损害更小，有利于实现数据利用效益的最大化。[②] 总之，如果不区分数据开放类型而一刀切地规定所有个人信息均应匿名化处理才可开放，容易导致数据开放利用效益与个人信息权益的失衡问题，在未来制定中央层面的专门立法时需要更为精细化的制度措施。

四、政府数据开放中个人信息保护制度的完善建议

传统隐私保护制度框架下的匿名化措施在政府数据开放中逐渐暴露出了一些不适配性，或可参考比较法上的成功经验与其他学科领域中的有益成果，进一步完善政府数据开放中的个人信息保护制度。

（一）引入风险预防原则作为新理念

风险预防原则最早发轫于环境保护法领域，现已扩展应用于包括信息科学技术在内的其他领域。其基本含义为"根据当下并不充分的信息和知识，即使不能确定风险一定会发生，也要及时采取预防和应对措施，以避免或降低未来可能发生不利后果的风险"。[③] 风险预防原则已经在我国立法实践中得到了重视，《个人信息保护法》第 11 条被学界视为我国在个人信息保护领域正式引入风险预防原则的标志，[④]《数据安全法》第 29 条规定了"开展数据处理活动应当加强风险监测"的原则，《网络安全法》第 26 条亦规定了"开展网络安全风险评估活动"的原则。

具体到政府数据开放语境，同样应以风险预防原则作为个人信息保护的新理念。一方面，在政府数据开放语境下，个人信息保护虽有其特殊性，但这种

---

① 参见商希雪、韩海庭：《政府数据开放中个人信息保护路径研究》，载《电子政务》2021 年第 6 期。

② 《个人信息保护法》第 73 条第 3 项规定："去标识化，是指个人信息经过处理，使其在不借助额外信息的情况下无法识别特定自然人的过程。"

③ 参见金自宁：《科技不确定性与风险预防原则的制度化》，载《中外法学》2022 年第 2 期。

④ 参见张涛：《政府数据开放中个人信息保护的范式转变》，载《现代法学》2022 年第 1 期。《个人信息保护法》第 11 条规定："国家建立健全个人信息保护制度，预防和惩治侵害个人信息权益的行为，加强个人信息保护宣传教育，推动形成政府、企业、相关社会组织、公众共同参与个人信息保护的良好环境。"

特殊性主要体现在数据"利用"与"安全"之间的平衡，并不当然导致拒绝适用风险预防原则的后果，政府数据开放归根结底是一种信息处理活动，引入风险预防原则作为保护新理念有利于与《个人信息保护法》等"信息三法"确立的最新原则相接轨，从而契合当前保护个人信息的趋势。另一方面，基于"风险"的政府数据开放要求政府识别、评估和管理蕴含于数据开放各阶段的全部风险，这就规避了现有个人信息保护措施将规制重心放置于数据公开阶段的弊端，能够有效克服基于"结果主义"的匿名化措施之局限，从而基于"过程主义"构建起对个人信息的全流程保护。

　　风险预防原则可以解构为风险识别、风险评估与风险防控三个相互关联的过程。[①] 风险识别是逻辑前提和首要步骤，其指政府应当全面了解掌握数据开放各阶段中可能存在的全部风险，鉴于本文第三部分已经剖析了数据开放五个阶段中的个人信息侵害风险，故下述对风险预防原则的具体制度构建将聚焦于风险评估与风险防控。

（二）风险评估：构建个人信息影响评估机制

　　个人信息影响评估是域外个人隐私影响评估制度的本土化再造与中国式选择，体现了风险预防的理念。[②] 个人隐私影响评估出现并成熟于 20 世纪 90 年代，并在政府数据开放领域得到应用，为政府数据开放中的个人隐私保护提供了明确指引，广泛应用于美国、英国、加拿大、澳大利亚等发达国家的政府数据开放实践。[③] 其运作逻辑在于通过对某个特定领域存在的个人隐私侵害风险进行评估，明确其中的隐私侵害风险大小与等级，进而制定与风险程度相适应的风险防范和管理措施，最终实现对个人隐私的有效保护。[④] 在实践中，上述国家均发布了"隐私影响评估指南"为隐私影响评估执行主体提供了细化的操作指引，以美国《隐私影响评估指南》为例，该指南第 3.2 条规定，在开发、购买涉及收集、保存或传播可识别（identifiable）形式信息的系统或项目

---

　　① 参见苏宇：《风险预防原则的结构化阐释》，载《法学研究》2021 年第 1 期。

　　② 我国《个人信息保护法》第 55 条规定的个人信息保护影响评估制度被认为是借鉴欧盟《通用数据保护条例》第 35 条规定的数据保护影响评估制度（Data Protection Impact Assessment，即 DPIA），而 DPIA 又是经隐私影响评估制度演化而来。参见石佳友、曾佳：《个人信息保护影响评估：制度内涵与完善路径》，载《西北工业大学学报（社会科学版）》2022 年第 4 期。

　　③ See Clarke R, *Privacy impact assessment: its origins and development*, Computer Law & Security Review the International Journal of Technology & Practice, 2009, 25 (2): p. 123–135.

　　④ 参见陈朝兵、郝文强：《国外政府数据开放隐私影响评估的政策考察与启示——以美英澳新四国为例》，载《情报资料工作》2019 年第 5 期。

时，都需要进行隐私影响评估。①

目光回到我国，在吸收国外立法有益成果的基础上，《个人信息保护法》第 55 条明确规定了五种情况需要进行个人信息保护影响评估，其中的"处理敏感个人信息""向其他个人信息处理者提供个人信息、公开个人信息"及兜底条款均和政府数据开放有密切关系。② 因此，无论是从比较法经验的可借鉴性出发，还是贯彻落实我国《个人信息保护法》的要求，均应在我国政府数据开放中对涉及个人信息处理的行为进行个人信息保护影响评估，从而使风险预防原则从理念变为现实。

个人信息影响评估的核心是通过评估确定风险的大小与等级，事实上，政府数据开放中的个人信息保护影响评估依旧是一种平衡测试，需要在比例原则的指引下衡量信息处理行为带来的收益、对个人信息权益造成的影响大小以及风险实现的可能性等。③ 依照 2021 年施行的《信息安全技术——个人信息安全影响评估指南》（以下简称《评估指南》），具体可以在考虑政府数据开放的数据类型、数量规模、敏感程度、方式范围、数据用途、数据利用主体的安全保障能力、个人信息主体所能采取的救济措施、发生风险事件后的补救措施等不同风险因素后界定出不同数据类型的风险等级。④

（三）风险防控：分级分类保护与全流程保护并行

1. 风险防控之一：依据评估结果分级分类保护

评估不同数据类型的风险等级后采取与之相适配的防控措施是风险预防原

---

① See Privacy Impact Assessment（PIA）Guide，p. 4 - 5.

② 《个人信息保护法》第 55 条规定："有下列情形之一的，个人信息处理者应当事前进行个人信息保护影响评估，并对处理情况进行记录：（一）处理敏感个人信息；（二）利用个人信息进行自动化决策；（三）委托处理个人信息、向其他个人信息处理者提供个人信息、公开个人信息；（四）向境外提供个人信息；（五）其他对个人权益有重大影响的个人信息处理活动。"

③ 作为公法"帝王原则"的比例原则是指公权力行为者在选择手段实现某个特定的正当目的时，应当选择有助于目的实现的最小损害性手段，并且该手段所造成的损害与所促进的公共利益应当成比例，禁止过度损害。四阶比例原则具体包括目的正当性原则、适当性原则、必要性原则以及均衡性原则。在比例原则的指引下进行个人信息影响评估实际上是贯彻均衡性原则的体现，即公权力行为的手段所增进的公共利益要与其所造成的损害成比例，而衡量政府数据开放增进的社会效应和对个人信息权益造成损害是否成比例的前提便是进行个人信息影响评估，明确开放各阶段的行为对个人信息权益究竟会造成怎样的损害。关于比例原则及其在个人信息处理活动中的进一步体现与适用，参见刘权：《论个人信息处理的合法、正当、必要原则》，载《法学家》2021 年第 5 期；刘权：《目的正当性与比例原则的重构》，载《中国法学》2014 年第 4 期。

④ 参见《信息安全技术——个人信息安全影响评估指南》之 A.5 个人信息委托处理、转让、共享或公开披露前的影响评估。

则的应有之义。《评估指南》将个人信息风险等级划分为严重、高、中、低四个等级，同时规定组织可以根据自身的业务特点和风险管理策略制定科学、合理的风险等级判定表。① 具体到政府数据开放地方立法实践，凡是涉及个人隐私和个人信息的数据都会做匿名化处理，力图消解数据的可识别性要素。前文提及，法律对于个人隐私的保护几乎是绝对的，故而涉及个人隐私或敏感个人信息的数据都应界定为不可接受的严重风险或高风险，在应对此类风险时不应仅求诸于匿名化处理，而要从源头上拒绝开放，以防止匿名化效用失灵导致自然人人格权益受损或财产安全遭侵的严重危害后果。

在数据开放涉及除隐私以外的个人信息时，其蕴含的个人信息影响风险等级水平并不是绝对一致的。数据规模、数据用途、数据利用主体的安保能力与信用水平、个人信息主体的意愿等因素都会影响具体的风险等级。例如，如果开放的数据规模较小，数据用途是为科学研究而非商业使用，并且数据利用主体具有较强的数据安全保障能力和优质的信用等级，此时的风险等级无疑是较小的，可以划定为低风险。相反，如果数据规模庞大、数据用途具有浓厚的商业属性，个人信息被识别出的动力与可能性就较大，倘若此时数据利用主体的安保能力和信用等级又并非可靠，那么其风险等级无疑会进一步加大。

因此，在规制涉及个人信息的数据风险时，不宜简单延续既有地方立法采取的全盘匿名化做法，而应综合数据风险等级及情况各异的特定要素，变通地进行去标识化或假名化处理，甚至在个人信息主体同意开放包含其个人信息的情况下将数据完全开放。去标识化与假名化为同一概念，均指在不借助额外信息的情况下无法将某一数据归于特定主体，但其不能完全排除可识别风险，在借助额外信息时有可能重新识别特定自然人，其仍属于受《个人信息保护法》规制的个人信息的范畴。② 相较于去标识化，经匿名化处理后的个人数据的可识别性虽然更弱，但匿名化在消除个人信息的可识别要素时同样大幅降低了数据点之间的关联度，易使开放出的政府数据失去本应具备的效用。

因此，政府宜依据数据利用主体的安全保障能力、可信程度、个人信息主体的意愿、个人信息泄露可能造成的影响及社会对高价值数据的需求程度等因素对部分涉及个人信息的数据做去标识化处理后开放，为数据利用与个人信息保护创造更为精细化的平衡模式。值得注意的是，上述各要素中权重最大的应为"数据利用主体的安保能力和可信度"，因为去标识化更偏重于"行为控

---

① 参见《信息安全技术——个人信息安全影响评估指南》之 D.3 个人信息安全风险综合评估。

② 参见高富平：《个人信息流通利用的制度基础——以信息识别性为视角》，载《环球法律评论》2022 年第 1 期。

制"而非"技术控制"，其更多是以个人信息处理者不去做识别自然人信息的行为作为基础，故而对一部分受信度高、安保力强的数据利用主体可给予更为优惠的数据利用条件，但同时应注重开放的非歧视性，不能针对某个或某几个利用主体，而应对符合条件的所有类别的利用主体均予以平等优惠，避免将通过去标识化以更好促进数据利用的初衷异化为对数据利用者的变相歧视而扩大"数字鸿沟"。

2. 风险防控之二：建立全流程个人信息保护机制

前述风险防控措施实际上是对数据开放条件的进一步精细化构建，目的是在保证数据安全的前提下解决对个人信息的过度保护问题。然而，对风险的全面防控要求建立向前回溯到数据开放前的收集、转化与存储阶段和向后延伸适用于数据开放后利用阶段的全流程个人信息保护机制，从而解决匿名化措施保护不足的问题。

（1）向前回溯：于开放前三阶段落实个人信息处理原则规则

"合法、正当、必要"是处理个人信息的基本原则，[①] 政府数据开放过程中的个人信息处理活动应以合法、正当、必要原则为根本遵循，并在数据开放各阶段落实《个人信息保护法》的其他具体规则。在"合法"原则方面，政府数据开放各阶段的个人信息处理活动都应当遵守法律的规定，处理个人信息时应有明确的法律依据，不得违反法律规定的目的和手段违法处理个人信息。[②] 在"正当"原则方面，应坚持个人信息处理目的和方式的双重公正性，处理目的必须具备合理理由与合法基础，遵照"履行法定职责或者法定义务所必需"的判断标准来处理个人信息；在处理方式上，不得以误导、欺诈和胁迫的方式处理个人信息。在"必要"原则方面，政府只能处理与实现处理目的直接相关的个人信息，凡是与处理目的无关的活动都不应展开。换言之，可处理、收集也可不处理、不收集相关个人信息时，尽量不去收集、处理，以实现信息处理的最小化、必要化。[③]

针对数据收集阶段可能出现的过度收集和未履行告知义务收集的问题，虽

---

① 参见孙莹主编：《个人信息保护法条文解读与适用要点》，法律出版社 2021 年版，第 17 页。例如，在总则章内，《个人信息保护法》第 6 条的目的明确与最小化原则体现了"正当、必要原则"；第 7 条的"公开透明原则"是"诚信原则"的要求。在总则章外，《个人信息保护法》第 19 条的保存期限最短规则是"必要原则"的具体展开。

② 此处"合法"方式中的"法"是广义的法律，不仅包括法律、行政法规，也包括地方性法规、司法解释、部门规章、地方政府规章和强制性标准等。参见程啸：《个人信息保护法理解与适用》，中国法制出版社 2021 年版，第 79 页。

③ 参见江必新、郭锋主编：《〈中华人民共和国个人信息保护法〉条文理解与适用》，人民法院出版社 2021 年版，第 52 页。

然政府以履行法定职责或法定义务为由可不经个人同意而收集其信息，但同样应在公开透明的环境下依法收集。具言之，未来的政府数据开放立法应吸收《个人信息保护法》第 6 条、第 34 条的精神，① 在告知被收集对象数据收集者的主体信息以及处理个人信息的目的、方式、种类和保存期限的基础上，收集为实现处理目的所需的最小范围内的信息，不得以诸如有利于政府决策等为理由过度收集个人信息。

针对数据转化阶段可能出现的违反准确性义务的问题，政府不仅应事前加强内部人员合规与技能培训以避免、减少操作不规范结果的出现，还要落实《个人信息保护法》第 46 条的规定，② 保障个人信息主体的访问权与更正权，例如，可以在数据开放平台中设置个人反馈窗口，为其提供及时发现个人信息记录不准确与申请补正的通道和机会，在收到申请后，政府应在核实个人信息的基础上及时更正、补充个人信息，力图消除不准确义务所造成的影响。

针对数据存储阶段的超期存储与数据泄露问题，应吸收《个人信息保护法》第 19 条关于数据存储期限的规定，③ 结合数据开放目的合理界定数据存储的最短保存期限，在保存期限届满后及时删除个人信息，避免因超期存储而增加数据泄露或不当利用的风险。在应对数据泄露问题时，仍应坚持事前事后两步走的方法：事前进行数据安全影响评估、制定数据泄露应对预案，加强内部操作人员合规培训与网络、数据安全监测，提升防范数据因内外部因素遭遇泄露的能力；发生数据泄露事件后则应及时执行预案并通知相关责任部门和个人信息主体，让各方能快速采取相应措施以防止损害的扩大。

（2）向后延伸：构建数据利用阶段的刚性个人信息保护机制

数据利用阶段的侵害风险主要体现在两个方面：一是数据利用主体对经匿名化处理后的数据进行再识别，二是违背数据开放许可协议中规定的数据用途。虽然数据利用前各阶段政府采取的个人信息保护措施不能直接作用于数据利用主体，但这并不意味可以豁免政府对数据利用主体行为的干预责任，放任监管缺位的发生。相反，政府宜在此阶段转变规制思路，从单纯强调匿名化

---

① 《个人信息保护法》第 6 条第 2 款规定："收集个人信息，应当限于实现处理目的的最小范围，不得过度收集个人信息。"第 34 条规定："国家机关为履行法定职责处理个人信息，应当依照法律、行政法规规定的权限、程序进行，不得超出履行法定职责所必需的范围和限度。"

② 《个人信息保护法》第 46 条规定："个人发现其个人信息不准确或者不完整的，有权请求个人信息处理者更正、补充。　个人请求更正、补充其个人信息的，个人信息处理者应当对其个人信息予以核实，并及时更正、补充。"

③ 《个人信息保护法》第 19 条规定："除法律、行政法规另有规定外，个人信息的保存期限应当为实现处理目的所必要的最短时间。"

"技术控制"的思路转向以约束数据再利用主体行为的"行为控制"思路，即让其从"技术上不能侵"到"行为上不敢侵"。

归根结底，数据利用主体之所以有动力实施侵害个人信息的行为，是因为其认为违法的收益大于成本。因此，如果在现有的民事侵权责任外再对数据利用主体的违法行为施加公法上的处罚责任，让侵权者不仅直接赔偿个人信息主体受到的损失，还要面临行政机关的二次问责，那么此种二元责任结构无疑会大大降低数据利用主体实施侵害个人信息行为的积极性。按照上述规制思路，可以考虑在数据开放许可协议中或未来的政府数据开放立法中注入"刚性条款"，规定数据利用主体不得实施不当的再识别行为或擅自改变数据用途，否则将被处以罚款，情节严重的还会被列入禁止利用的"黑名单"，剥夺其享受数据开放公共服务的主体资格，最终达致违法成本大于所得收益的效果，以刚性法律责任筑牢公民个人信息保护的最后一道防线。

五、结语

政府数据开放既是数字时代政府提供的一项具有公益面向的公共服务，也涉及公权力机关处理个人信息时所涵摄的私益面向，因此需要在合法性的框架下保护个人信息权益。探究数据利用与个人信息之间的平衡之道是政府数据开放难以绕开的法治问题，本文的着力点在于通过考察梳理现有地方立法的平衡措施后尝试建构一种更为精细化、全面化的个人信息保护理念与方法。未来中央层面统一的政府数据开放立法正在紧锣密鼓地筹备中，其所需要的不仅是吸收现有地方立法的有益成果，更需要的是反思现有措施的不足。

基于风险预防原则及其具体要求所构建的个人信息保护制度可以有效解决现有匿名化措施造成的保护不足与过度保护的问题：在风险识别与风险评估后，全面防控蕴含于数据开放五阶段的个人信息侵害风险，解决匿名化措施造成的保护不足问题；依据风险评估结果对数据分级分类保护，对符合条件的数据以去标识化替代匿名化措施，构建起更为精细完善的数据开放条件新机制，解决全盘匿名化对数据利用效用的过度贬损问题。

（责任编辑　杨鎏林）

二、域外译文

数字化时代的国家责任范围[*]

Alexander Roβnagel　著　李　剑　译^{**}

摘　要：几乎所有生活领域的数字化都在极大改变着国家责任的实现条件和基本权的行使条件。这也涉及人们如何享有基本权和国家如何承担其责任的问题。本文的主题针对已经发生和将要发生的变化，以及国家在这些变化中如何履行其职责的问题。本文的第一部分将阐明国家在数字化时代的责任，第二部分转向对相关挑战和应对方法的讨论，借以阐明国家在不同的活动领域中如何履行其责任。

关键词：数字化　国家责任　信息保护　基本权

一、关于责任

本文第一部分的观点是，国家对于分享权的责任不仅涉及如何保障人们平等参与国家垄断事务的权利，还包括了如何享有和保障基本权及其前提条件的问题。

（一）互联网的活动构架

本文主要为互联网活动构架提供辩护。所以并不讨论在非互联网情况下使

　＊　本文为湖南省教育厅科学研究项目（青年项目）"人工智能安全性保障的法理基础与法律风险规制研究（21B0236）"的成果。

　＊＊　Prof. Dr. Alexander Roβnagel，德国卡塞尔大学法学院公法教席教授；李剑，中南林业科技大学政法学院讲师。

用硬件和软件而引起的各种问题。

　　当今的互联网不仅仅意味着网络本身，它不仅可以在世界范围内进行极其快速的数据交换，① 而且还可以组合和交换任意格式的数据，从而实现多媒体通信。② 针对不同的可扩展性的访问，互联网保存着大量数据和软件程序，以便任何人都可以用云计算的形式使用它们。③ 互联网还以社交网络和其他 Web 2.0 应用程序的形式提供了各种用于社交互动的网络平台。④ 但是，那些在互联网上使用这些服务的人在每次操作中都留下了数据痕迹，大数据分析工具也提供了对这些痕迹加以分析的方式，尽管互联网上的信息数量众多且格式不同，但仍可以用大数据分析工具对它们进行快速评估。⑤

　　互联网具有特定的特征，这使得公众难以对其在互联网上的活动承担相应的责任。首先，这涉及空间维度：互联网可以在全球范围内使用，也就是说提供数字信息和行动选择的人以及有需求的人都可以使用 Internet。这种全球性监管问题很难融入民族国家或地区性国家集团的责任模式中。其次，这又关系到数字化数据在传播中的一致性。它们是无形的，可以在网络空间中虚拟存在。这使得行使国家权力变得非常困难。最后，数字化数据对时间维度具有影响。在互联网上，以下三种行动都具有永续性。第一，数字化数据可同时在世界各地获得，链接网络空间几乎不需要时间。第二，一些数字化数据来历不明，数据上相应的改变也并不明显。⑥ 第三，互联网上的数据实际上是不可能擦除的。他们总是在某个地方被保存，即互联网不会忘记任何东西。此外，作为互联网的第四个特定功能，它通过连接物理世界和虚拟世界来扩展其范围。⑦ 通过物联网，将物理世界中的行为描绘在互联网上。⑧ 同时，通过增强

---

　　① 另可参见 Alexander Roβnagel，ZRP 1997，S. 26 ff。

　　② 例如参见载于以下文集中的文章：Herbert Kubicek/Dieter Klumpp/Gerhard Fuchs/Alexander Roβnagel（Hrsg.），Internet@ Future，Jahrbuch Telekommunikation und Gesellschaft 2001。

　　③ 例如参见 BITKOM，Cloud – Computing – Evolution in der Technik，Revolution im Business，2009；Kroschwald，Informationelle Selbstbestimmung in der Cloud，2015。

　　④ 例如参见 Stephan Dörfel/Andreas Hotho/Aliye Kartal – Aydemir/Alexander Roβnagel/Gerd Stumme，Informationelle Selbstbestimmung im Web 2. 0，2013。

　　⑤ 例如参见 Alexander Roβnagel/Nebel，DuD 2015，S. 455 f. m. w. N。

　　⑥ Alexander Roβnagel，in：ders.（Hrsg.），Recht der Telemediendienste，2013，Einl. ins SigG，Rn. 8.

　　⑦ 例如参见 Alexander Roβnagel/Tom Sommerlatte/Udo Winand，Digitale Visionen，2008。

　　⑧ 例如参见 Elgar Fleisch/Friedemann Mattern，Internet der Dinge，2005. Zu den Auswirkungen von U-biquitous Computing auf den Datenschutz s. z. B. Alexander Roβnagel，Datenschutz in einem informatisierten Alltag，2007。

现实的方式数字世界也丰富了物理世界。①

互联网的发展是高度动态的。没有人能确切知道互联网及其给社会带来的后果。当前可能有许多不同的发展趋势，这些趋势会显著影响到政府承担责任的框架条件。一方面，互联网为"公民信息社会"提供了许多起点，促进了公民的民主参与、公共决策以及公民行使自决权，② 但是这需要公民在许多政府机构的支持下，以多种多样的方式把握互联网上的行动选择。另一方面，如果数字生活节省了人们的开支，那么互联网巨头将通过全球资本来塑造互联网。爱德华·斯诺登（Edward Snowden）事件又揭示了一个问题，即互联网作为霸权国家的全球监视工具，使它们对互联网上的所有活动具有了控制权。

（二）相关责任

当要求政府承担责任时，问责制应理解为仅当承担责任的人代表某些行为或发展趋势，③ 并具有足够的知识④和相关的行动机会时，才可以预期实现这种承诺之可能性。

在界定国家责任的范围时，有几个限制要考虑。第一，责任承担者有限制。"国家"不是指单个同质实体，而是一个包括许多独立实体及其从属组织的集合术语，尽管它们具有统一的法律制度，具有可比和协调的职能，但它们还是具有不同分工。由于它们通常追求的是不同的利益，因此很难给它们所有人分配统一的责任。所以讨论联邦政府或某个州，或某个组织的责任更有意义。第二，国家责任有事实限制。承担国家责任的人必须履行某些国家任务。国家的这些任务仅限于保障公民的自由，因此也要保证承担这些任务所产生的责任。第三，存在人员限制。国家负责人的责任仅针对其公民和居民。第四，责任的方式限制与客观限制密切相关。根据国家的任务性质，国家有责任履行、保证、遵循或承担责任，因此国家对不同的发展阶段承担不同的责任。⑤第五，政府责任有时间限制。从宪法上讲，这不仅对当代而言，而且对子孙后代也是如此。但是随着时间的流逝，必须减少通过国家行动履行对子孙后代的责任的主张。这种代际责任越大，它给未来下一代的生活条件造成的不利影响就越少。但是，国家责任的最大局限在于信息和通信技术的全球发展与各个

---

① 关于车联网可参见 Hansen, DuD 2015, S. 367。

② 另可参见 Alexander Roβnagel, ZRP 1997, 26 ff.；Schaar, Das digitale Wir, 2015。

③ 例如参见 Peter Saladin, Verantwortung als Staatsprinzip, 1984。

④ 关于知识缺乏的问题参见 Beitrag von Spiecker in dersem Band。

⑤ 例如参见 Schulze - Fielitz, Grundmodi der Aufgabenwahrnehmung, in: Hoffmann - Riem/Schmidt - Aβmann/Voβkuhle（Hrsg.）, Grundlagen des Verwaltungsrechts, Band I, 2. Aufl. 2012, S. 893 ff.

国家对其领土范围内行动权的空间局限性之间的差异。尽管欧盟的出现减少了国家之间的时空限制，欧盟可以在比其成员国更广的范围内承担国家责任，但欧盟的活动范围也还是有限的。

（三）分享权

为了评估政府机构参与互联网的责任，从狭义以及广义的角度可以采取从法律上保证分享权的方式来实现。狭义的角度要求分享是一种原始的主观公权利。自从 Numerus – Clausus 判决以来，联邦宪法法院已经认可了具有垄断性质的州一级的教育培训服务的规定。例如基于分享权，公民根据《基本法》第 12 条第 1 款可享有自由选择教育机构的权利。并且根据《基本法》第 20 条第 3 款，如果没有获得国家培训的实际先决条件，那么参与大学学习或实习培训的福利国家原则①将变得毫无价值。但是，这种分享权始终在可能的范围内存在。②

从广义角度来看，国家的给付义务可能是由许多其他基本权所引发的。它建立在基本权的客观内容之上。就其客观内容而言，这些权利旨在确保拥有基本权的人享有真正的自由。但是从这些规定中也可以推导出其它权利。③ 如果基本权确实是真实的，则这种保证通常以通过国家预付款或保护国家免受第三方干预为前提的"实施帮助"为主。从这个角度来看，如果国家负有保护或履行义务的客观责任，那么就会出现一个问题，即个人是否应享有分享这些服务的基本权。因此分享权可以看作是基本权的一个"函数"，而基本权最终取决于国家利益。

（四）对"分享权"的责任

人们可以通过询问政府为确保通过信息和通信技术实现自由而必须满足基本权的实施条件是什么，以此来确定数字时代国家的分享责任。④ 人们必须注意以下方面的问题：在数字世界中，必须考虑和设计实现基本权的技术条件。这些条件中有许多是通过私人的参与来实现的。这就提出了一个问题，即如何通过私人的协助来实现基本权所要求的条件。毕竟，人们必须尊重市场各方的合同自由。但是，这不仅必须执行对法律的优胜劣汰，也要避免那些导致不公

---

① 参见 BVerfGE 33, 303 ff.；43, 291（313 f.）。

② 例如参见 BverfGE 33, 303（333）。

③ 相关证据另可参见 Murswiek, in: Isensee/Kirchhof（Hrsg.）, Handbuch des Staatsrechts, Band IX, 3. Aufl. 2011, § 192 Rn. S. 91 ff.

④ 例如参见 Alexander Roβnagel, Rechtswissenschaftliche Technikfolgenforschung, 1993, S. 19, S. 241 ff.

平的合同条款。因此，州政府必须检查分享这些要约的条件，并在某些情况下，为要约提供保证公平报酬的框架；在极端情况下，必须提供保护，使其免受私人对基本权的侵害。同时，从实际协调的角度界定冲突利益的基本权领域，并让每个参与冲突的人都能在私人利益与基本权之间获得平衡。在信息、资源和权力存在不对称的情况下，基本权的实现可能取决于与其他基本权的平衡。最后的结果是由政府机构负责对互联网上与实现基本权至关重要的私人事件进行调查、保护和补偿。

（五）履行责任

为了承担责任，必须遵守那些对实现基本权而言具有重要性的法规。就市场供给而言，国家必须承担市场责任。它必须遵守市场法规并尊重市场参与者的基本权，但同时要确保实现这些基本权的条件，并确保市场能够在竞争性报价和需求自由的情况下完全发挥作用。

在互联网上行使基本权需要许多正常运行的信息基础设施。国家的基础设施责任要求它提供必要的信息基础设施或确保其他人也这样做。这对于社会共同生活至关重要的信息基础设施尤其重要。国家必须对此加以保护。针对信息基础设施的责任还包括以下任务：确保这些信息基础设施能够被分享，并确保公平的使用条件。

最终，国家还负有创新的责任。[1] 创新对于使社会适应不断变化的环境而言至关重要。国家必须促成创新，激励对社会有益的创新，评估和控制创新的后果，并防止混乱以及补偿创新活动对社会造成的损害。[2]

二、国家责任所影响之领域

本文的第二部分认为数字时代的国家责任会影响许多不同的领域。关于呼吁在数字化时代实现基本权的提议，正是我们的国家领导者们现在正在努力的事情。他们提出了一些应对挑战的解决方案。

---

[1] 参见 Wolfgang Hoffmann - Riem, Innovationen durch Recht und im Recht, in: Martin Schulte (Hrsg.), Technische Innovation und Recht - Antrieb oder Hemmnis?, 1996, S. 3 ff.; Martin Eifert/Wolfgang Hoffmann - Riem (Hrsg.), Innovationsfördernde Regulierung, 2009; Martin Eifert/Wolfgang Hoffmann - Riem, Innovationsverantwortung, 2009。

[2] Alexander Roßnagel, Innovation als Gegenstand der Rechtswissenschaft, in: Hagen Hof/Ulrich Wengenroth (Hrsg), Innovationsforschung - Ansätze, Methoden, Grenzen und Perspektiven, 2. Aufl. 2010, S. 9 ff.; Gerrit Hornung, Grundrechtsinnovationen, 2015, S. 161 ff.

（一）基础设施

在数字化时代，生活的关键先决条件是对基于技术而形成的信息基础设施的访问和使用。这就要求确保公平访问必要的信息基础设施，确保此类基础设施的提供者们之间的市场竞争，并保障信息基础设施服务的提供者们和用户之间真正的合同自由。基本规则必须得到适用，市场份额越高，基础设施服务提供商的义务就越重。由于网络的影响，更多的参与者将使用这些信息基础设施，因此对于实现基本权而言，分享这些服务将变得越来越重要。

国家责任旨在确保对实现基本权至关重要的信息基础设施的公平获取和合理使用。[①] 这要求在基础设施的基本功能与基础设施的其他功能以及超出基础功能的其他功能之间进行区分。基本的分享权只能存在于基本职能上。国家的担保责任仅限于其使用的公平条件，例如，通过对一般条款和适当条件的有效控制。

搜索引擎是数字时代必不可少的信息基础设施的一个示例。在大量数据中，它们提供了用于查找某些信息的基本功能。因此，自由和公正地使用它们是有效实现信息自由（查找信息）以及舆论和新闻自由（查找报告和意见表达）的必要先决条件。因此，客观中立的搜索算法和防止歧视是对搜索引擎提出的基本要求。所以国家责任延伸到保证以公平的条件分享基本职能的权利和对人身权利的保护[②]以及建立适当的法律框架方面，以便能够行使这些权利（可能以合同义务形式）。[③]

社交网络已成为必不可少的信息基础设施的另一个示例。它们提供了数字世界中社交互动的基本功能。社交网络需要保障社会互动中的基本权的实现，如人格的自由发展、信息自由、表达自由、科学自由、结社自由和职业自由，这些都将取决于对这类信息基础设施的使用。对于它们来说，国家责任也延伸到确保公平分享和保护个人权利的方面。与搜索引擎一样，社交网络还必须确保可以针对基本功能进行强制执行。[④]

---

① 例如参见 Alexander Roßnagel, Infrastrukturverantwortung des Staats und Eigenverantwortung des Bürgers, in: Herbert Kubicek /Dieter Klumpp/Alfred Büllesbach/Gerhard Fuchs/Alexander Roßnagel (Hrsg.), Innovation@ Infrastruktur, Jahrbuch für Telekommunikation und Gesellschaft 2002, S. 269 ff。

② 参见 EuGH vom 13.5.2914, C - 131/12（Google）。

③ 另可参见 Silke Jandt, Technikadäquate Grundrechtsentwicklung, Habilitationsschrift Kassel, 2015, S. 326 ff。

④ 参见 EuGH vom 6.10.2015, C - 362/14（Facebook）; Silke Jandt, Technikadäquate Grundrechtsentwicklung, Habilitationsschrift Kassel, 2015, S. 371 ff。

（二）信息

信息对于几乎所有基本权的行使都是必需的。在信息社会中，信息的存在形式越来越多样。因此，规范信息访问及其使用的通信制度对于数字世界至关重要。

这对于国家本身拥有的信息尤其如此。能够获得和使用信息是民主舆论和意志形成、法治控制和行使针对国家权力的基本权的先决条件。因此，国家有责任积极提供这些信息，以确保对其进行访问并允许对其使用。但是与此同时，必须确保对信息提供的保障。① 在很大程度上，德意志联邦共和国的各个州通过规定国家机构的信息义务、获得州信息的机会以及在信息自由权中进一步使用这些信息的可能性完成了这些任务。② 这些任务也在《信息使用法》③和《电子政府法》④ 中得到了规范。

科学和文化还依赖于自由获取信息和自由使用信息，研究和教学的自由既需要科学成果及其研究数据的免费发布，也需要科学出版物及其研究数据的公开发行出版。除了科学的自我调节之外，互联网还具有在网上发布这些信息的可能性。大型出版商的垄断地位和经济实力绝对不能危及科研出版和获得科研成果的可能性。相反，必须以合理的条件保证向科学界提供信息。因此，国家对实现基本权的责任也可以扩展到保证以公平的条件和在科学的自我调节下对科学出版物的"开放获取"，⑤ 并规范对研究数据的获取和保护。

在数字时代，政府同样有责任免费提供基本文化服务。⑥ 这主要表现在国

---

① 参见 Alexander Soβnagel, MMR 2007, 16 ff.；2006；Der Hessische Datenschutzbeauftragte/Der Präsident des Hessischen Landtags（Hrsg.），Informationsfreiheit und Datenschutz, 2007。

② 例如参见 Informationsfreiheitsgesetz vom 5. 9. 2005, BGBl. I, S. 2722；另可参见 Gallwas, NJW 1992, S. 2785；Bettina Sokol, Informationszugang und Datenschutz, in：Alexander Roβnagel（Hrsg.），Handbuch Datenschutzrecht, 2003, S. 1803；Robert Kugelmann, NJW 2005, S. 3609；Eckhard Schnabel, ZD 2012, S. 493；Friedrich Schoch, NJW 2009, S. 2987；ders., Informationsfreiheitsgesetz, 2009。

③ 例如参见 Informationsweiterverwendungsgesetz vom 13. 12. 2006, BGBl. I, 2913；Friedrich Schoch, NVwZ 2006, S. 872。

④ 例如参见 E - Government - Gesetz vom 25.7. 2013, BGBl. I, 2749；例如还可参见 Alexander Roβnagel, NJW 2013, S. 2710；Hans Albrecht/Ingo Schmid, KuR 2013, S. 529。

⑤ 另可参见 die Berliner Erklärung über offenen Zugang zu wissenschaftlichem Wissen vom 22. 10. 2003，"Neben den konventionellen Methoden müssen zunehmend auch die neuen Möglichkeiten der Wissensverbreitung über das Internet nach dem Prinzip des offenen Zugangs（Open Access - Paradigma）gefördert werden. Wir definieren den offenen Zugang oder den Open Access' als eine umfassende Quelle menschlichen Wissens und kulturellen Erbes, die von der Wissenschaftsgemeinschaft bestätigt wurden."

⑥ 关于通过公共广播提供基本文化服务可参见 BVerfGE 73, 118（157 f.）；74, 297（324 f.）；83, 238（297 f.）。

家有义务监督媒体中的文化产品，并且如果可以识别出滥用信息或经济特权的情况，则可以进行有选择的干预。这项责任可能包括推广某些小众化的文化产品。在基于技术系统的数字世界中，政府的信息责任还必须扩展到充分获取保障基本权所需技术的相关信息。

搜索信息对于行使基本权至关重要。为了使信息与搜索者相匹配，搜索算法将会根据人们先前的查询以及已知的搜索情况（例如，搜索者的位置和技术设备）来创建个性化的信息匹配方案。这可能导致基于算法仅向搜索者提供符合其世界观和偏好的信息。这虽然避免了来自其他信息或意见的"干扰"，并且可以强化搜索者现有的观点和世界观，但这会影响个人意见的形成和集体民主决策。与其他媒体一样，[①] 对于搜索引擎，国家可能也负有确保多样化和不受歧视的责任。[②]

（三）法律文书

国家责任还被扩展到在数字时代实现符合法律要求的通信需求方面。最重要的是有关文书、意思表示的声明及其传递，以便其使用可以产生法律效果，并据此形成证据。当然，这需要适当的法律法规来加以规定。[③]

对涉案人员进行可靠的识别，这对于在缺席审判人员之间所进行的具有法律约束力的沟通而言十分必要。这需要数字时代的电子身份证明技术。它们的生成、使用和管理需要适当的身份识别的信息基础设施和有效的身份管理系统。[④] 用于此目的的技术工具是电子身份证。迄今为止，对身份信息基础设施和身份管理的责任已经通过以下事实得以履行：《个人身份法》第 18 条及以

---

① 参见 BVerfG 73, 118 (158 f.); 83, 238 (315); 87, 181 (199); 97, 228 (257); 114, 371 (387)。

② 另可参见 Silke Jandt, Technikadäquate Grundrechtsentwicklung, Habilitationsschrift Kassel, 2015, S. 363 f。

③ 例如参见 Alexander Roβnagel/Gerrit Hornung/Michael Knopp, Verfassungsrechtliche Visionen für E-Government, in: Bundesministerium für Wirtschaft und Technologie (Hrsg.), Dritter Nationaler IT-Gipfel - Arbeitsgruppe 3 - Szenarien für die Zukunft - Anregungen für einer "Deutsche E-Government-Gesamtstrategie", 2008, S. 11 ff。

④ Herbert Reichl/Alexander Roβnagel/Günter Müller, Digitaler Personalausweis. Eine Machbarkeitsstudie, 2005; Gerrit Hornung, Die digitale Identität, 2005。

下条文,① 《居留法》第 78 条第 5 款,② 《电子邮件法》第 6 条。③ 这些措施使得电子身份在法律上的有效使用成为可能,例如,《行政程序法》第 3a 条第 2 款。关于内部市场中电子交易的电子识别和信任服务问题则是由欧盟《第 910/2014 号指令》,以及《电子识别和信任服务条例》(eIDAS - VO)④ 第 6—12 条中对相互承认的欧洲市场成员国官方身份证明的规定来确定的。

除了确定合作伙伴外,还需要其他(证明)安全的参与电子交易的工具,这些工具可以明确表明交易意图并对交易进行支付。⑤ 这些技术工具包括电子签名、电子图章、电子时间戳和电子发送者及其交货确认。它们的创建和管理需要一个值得信任的信息基础设施,在该基础设施中,人们相信服务提供者可以一起工作并提供其信任服务。国家责任包括制定有关此服务的安全性和质量要求的法规,以及对这些服务的控制和质量要求的执行保障。有关保障信任的基础结构,提供者要求和用户权利相关的此类法规包含在《电子识别和信任服务条例》第 39—46 条的规定中,⑥ 以及签名法、签名条例⑦和《电子邮件法》中。⑧

国家的责任还扩展到与在电子交易中使用这些工具相关的法律后果。在数字世界中使用电子身份证明和电子声明的法律后果应等同于在物理世界中使用身份证明和声明的法律后果。立法机关通过规范在合法交易中使用安全信息技术时的等效法律后果,履行了这一职责。在许多法规中,立法者已将人们的电子身份证或合格的电子签名、电子表格与带有自己签名的书面表格等同起来看待。例如,在《德国民法典》第 126 条第 3 款,在《行政程序法》第 3a 第 2

---

① Personalausweisgesetz vom 18. 6. 2009, BGBl. I, 1346, geändert durch Art. 1 des Gesetzes vom 20. 6. 2015, BGBl. I, 970, s. näher Gerrit Hornung/Möller, PassG - PAuswG, Kommentar, 2011.

② Aufenthaltsgesetz vom 25. 2. 2008, BGBl, I, 162, geändert durch Art. 2 des Gesetzes vom 28 10. 2015, BGBl, I, 1802.

③ De - Mail - Gesetz vom 28. 4. 2011, BGBl, I, 666;参见 Alexander Roβnagel, NJW 2011, S. 1473.

④ Verordnung Nr. 910/2014, EU ABl. L 257 vom 28. 8. 2014, 73; s. z. B. Hoffmann, DuD 2014, S. 765 ff. ; Alexander Roβnagel, NJW 2014, S. 3686; ders. , MMR 2015, S. 359.

⑤ 另可参见 Alexander Roβnagel, in:ders. (Hrsg.), Recht der Telemediendienste, 2013, Einführung ins SigG, Rn. 7 ff。

⑥ 参见 Alexander Roβnagel, NJW 2014, 3686; ders. , MMR 2015, S. 359。

⑦ 另可参见 die Kommentierung von SigG und SigV in:Alexander Roβnagel (Hrsg.), Recht der Tele-mediendienste, 2013; in:Manssen (Hrsg.), Telekommunikations - und Multimediarecht, Loseblatt; in:Spindler/Schuster, Recht der elektronischen Medien, 3. Aufl. 2015。

⑧ 另可参见 Alexander Roβnagel, NJW 2011, S. 1473。

款，在《税法》第 87a 条，或在《社会法典（一）》第 35 条中，① 《民事诉讼法》第 371a、b 条②以及《电子识别和信任服务条例》（eIDAS – VO）第 35 条第 2 款、第 41 条第 2 款和第 42 条第 2 款。③

（四）电子管理

电子法律信息交互的一个特殊领域涉及电子信息管理。在数字时代，国家本身也应出现在信息世界中，并在其行政部门之间以及与公民之间进行电子通信。

公民交流不仅需要有互联网上的主管部门，还需要其与公民进行单方面通信，因为主管部门拥有可检索的电子消息和公告。同时，它还要求主管部门具有兼容的安全通信设施，以实现双边信息交换和意向声明。④ 这不仅意味着它可以接收和发送电子消息，而且还可以创建和验证合格的电子签名。可以接受和处理电子文档和扫描文档⑤与一般的电子法律交互一样，电子签名，电子邮件和电子身份证也必须能够用作与主管部门通信的安全工具。国家的责任是迫使行政当局与公民进行电子通信，并使他们能够在法律、技术和财务上使用必要的安全手段。原则上，2003 年的《行政程序法》⑥ 的第三修正案对其进行了规定，并通过 2013 年的《电子政府法》得到了加强。⑦

政府内部以及不同政府之间的行政沟通也必须完全电子化，以保证工作流程的连续性，且不会破坏行政部门和整个机构的统一协调性。从输入邮件的替换扫描到对文件的电子归档，这些快速执行管理任务的电子处理方式需要电子文件管理和对流程的电子化处理。对此，国家已经履行了自己的职责。在某种程度上，它已承诺行政当局通过《电子政府法》在 2013 年对交互活动进行合法的电子化内部处理。在接下来的几年中，国家必须承担起这项义务在财务、人员和技术实施等方面的责任。

---

① 另可参见 Silke Jandt und Alexander Roβnagel, in：Alexander Roβnagel（Hrsg.），Recht der Telemediendienste, 2013, § 126 BGB, Rn. 8 ff.，§ 3a VwVfG, Rn. 20 ff。

② 例如可参见 Alexander Roβnagel, in：ders.（Hrsg.），Recht der Telemediendienste, 2013, § 371a ZOP, Rn. 15 ff。

③ 可参见 Silke Jandt, NJW 2015, S. 1205。

④ 例如参见 Johannes, MMR 2013, S. 694。

⑤ 例如参见 Alexander Roβnagel/Maxi Nebel, NJW 2014, S. 886。

⑥ 3. VwVfÄG vom 21. 8. 2002, BGBl, I, 3322；对此可参见 Alexander Roβnagel, NJW 2003, S. 469.

⑦ 参见 Alexander Roβnagel, NJW 2013, S. 2710。

（五）信息技术安全性

在数字化时代，国家保护自己不受侵害的责任首先是对信息和通信技术的安全责任。[①] 这并不意味着政府机构必须自己执行所有安全任务。但是，国家有责任确保适当的框架条件，以便每个人都可以使用安全的信息和通信技术。

信息和通信技术的安全性首先应该通过市场来建立。因此，国家的责任主要是市场责任。国家必须观察市场，并且在市场失灵的情况下改变市场状况，以便通过市场供给实现必要的安全目标。这就需要进行有选择的纠正和采取额外的激励措施。实际上，基于目前的合同条款，对于免费提供的软件（包括安全软件）并没有设定风险责任。为了提高安全软件的可信赖性，应该设定合理的安全期望，并且如果不能满足这些期望，则应确保相关责任有人承担。对于风险较高或与安全性密切相关的系统，应界定对制造商的安全性标准，这迫使他们考虑"设计的安全性"。由于公民以及中小型公司在评估信息和通信技术安全性时通常会不知所措，因此有必要利用国家的技术专长来为市场提供中立的评估与审核信息。《联邦信息安全局法》第 7 节中授权联邦信息安全局可以无理由地检查硬件和软件系统，并进行初步的产品认证和审核，这是在正确方向上迈出的第一步。[②] 规范信息技术产品将是必要的进一步措施。在此之后，应明确考虑信息和通信技术的安全性，并在授予程序中提及相关证书和审核结果。

市场责任必须辅以基础设施责任。许多基本权的实现必须对关键信息基础设施进行充分的保护，[③] 德意志联邦共和国通过 2015 年 7 月 17 日生效的《信息技术安全法》（IT－SiG）初步履行了这一职责。[④] 该法针对的相关行业包括能源、信息技术和电信、运输和交通、卫生、水、食品以及金融和保险行业。如果它们对于社区的功能非常重要，则将它们定义为关键信息基础设施，因为它们的毁损将导致相当大的供应瓶颈问题或对公共安全产生威胁。在这种情况下，这些基础设施的运营商在使用信息技术方面应承担特殊的安全义务。[⑤]

[①] 例如参见 BVerfGE 38，1；49，89；57，295；73，118；90，60；114，371；119，181。

[②] 参见 Alexander Roßnagel，DVBl. 2015，S. 1211。

[③] 另可参见 bereits die Anmerkungen zum ersten BSIG 1990 in Alexander Roßnagel/Johann Bizer/Volker Hammer/Ulrich Pordesch，DuD 1990，178 ff. und Alexander Roßnagel/Johann Bizer，KritJ 1990，S. 436 ff。

[④] IT－Sicherheitsgesetz，BGBl. I，S. 1324；对此另可参见 Alexander Roßnagel，DVBl. 2015，S. 1206；Rotraud Gitter/Alexander Meißner/Philipp Spauschus，ZD 2015，S. 512；Gerrit Hornung，NJW 2015，S. 3334；Roos，MMR 2015，S. 636.

[⑤] 另可参见 Alexander Roßnagel，DVBl. 2015，S. 1205 f.；Gerrit Hornung，NJW 2015，S. 3336。

国家对信息基础设施的责任还体现在另一项任务中，即确保足够的信息安全基础设施及其可用性。例如，加密或电子证书之类的安全服务是使用诸如电子签名、电子图章、电子时间戳、电子身份证明之类的信息基础安全措施来保障的，这需要信任服务和服务的提供者。这一系列活动必须在总体上构成一个运行可靠的信任基础结构。① 此信任基础结构的框架法规是通过《电子识别和信任服务条例》（eIDAS-VO）和《电子签名法》来实现的。② 应该通过基础设施和必要的基础设施法规来实现这一目的，从而可以添加"对人的（身份）加密"。③

最后，国家对信息和通信技术的安全负有责任。人们对安全风险和保护选项一无所知。因此在数字时代，基本权的保护取决于信息和通信技术的安全性，因此基本权享有者需要了解信息风险和保护方案，以便他们可以保护自己及其基本权。因此，国家对安全性的部分责任包括了信息传播安全、提示攻击风险、提供产品审查、推荐风险检测程序并描述安全性选项等。在这种情况下，《联邦信息安全局法》第8b条中所提及的《信息技术安全法》和其他类似法规组成了一个信息安全保障体系，关键信息基础设施的运营商必须从各种报告中向联邦信息安全局报告与安全相关的事件，这是有效的管理报告，并向操作员报告并提出安全建议。④

但是应该批评的是，关键信息基础设施中对用户提供的信息进行了非常严格的监管。同样，向公众公开信息技术产品中已发现的弱点也受到审慎监管。必须在公民利益和那些依赖安全信息并侵犯安全利益的公司利益之间，以及在关键信息基础设施的运营商和信息技术产品制造商的利益之间取得平衡。为了保护国家的基本职责，人们必须推翻先前的基本规则：联邦信息安全局应提供有关合法查询的信息或主动提供重要信息，并且在个别情况下仅应在权衡利益冲突的基础上予以拒绝。⑤

（六）对基本权的保护

在数字化时代，对于许多基本权而言，国家都有义务保护处于风险中的基

---

① 另可参见 Alexander Roßnagel, in: ders.（Hrsg.）, Recht der Telemediendienste, München 2013, Einl. ins SigG, Rn. 18 ff。
② 另可参见 Alexander Roßnagel, NJW 2014, S. 3686; ders., MMR 2015, S. 359。
③ 参见 www. volksverschluesselung. de。
④ 参见 Gerrit Hornung, NJW 2015, 3336 f.; Alexander Roßnagel, DVBl. 2015, S. 1209 f。
⑤ 参见 Alexander Roßnagel, DVBl. 2015, 1210 f。

本权，① 因为数字化正在从根本上改变其某些使用条件，并使其面临新的威胁。出于篇幅考虑，下面将仅通过描述三种基本权所对应的国家的保护任务来对三种基本权进行更详细的说明。

联邦宪法法院从《宪法》第 2 条第 1 款和第 1 条第 1 款②中获得的信息自决的基本权受到许多新的侵犯或威胁。目前最大的挑战可能来自外国和本国的国安机构对所有电子通信过程的监视活动。特别是美国情报机构正在努力捕获互联网上的所有数据痕迹，以便在必要时可以对其进行检查和评估。③ 这种情报间谍活动之所以成为可能，是因为大型互联网服务提供商必须与国安机构合作。④ 由于大型互联网服务提供商的商业模式，他们尝试记录有关用户的尽可能多的数据，通过访问用户的文件来收集它们，并使用分析工具来推导用户在互联网上的行为。⑤ 越来越多的人的基本权由此而受到侵犯，这使得问题变得更加严重。针对间谍流量和内容数据的可能的保护措施变得越来越无效。由于许多生活领域（普遍存在的数据计算）的数字化而产生的大量数据以及使用大数据技术对这种异构数据量的重新分析使得个人数据的匿名化变得更加困难。国家的保护责任也以其防御责任为基础，以防止外国对基本权的侵害。为此，国家必须为公民提供技术保护，以使外国的情报部门难以分析本国公民的数据。当涉及对互联网供应商（ISP）的监视时，国家必须针对不公平的一般业务条件提供保护，必须对处理匿名数据的预防措施作出反应，以应对日益严重的加密措施失效情况。

联邦宪法法院也认为从《基本法》第 2 条第 1 款和第 1 条第 1 款衍生而来的保密性保障和个人技术系统完整性的基本权（基本 IT 权利）在数字时代受到了严重威胁。⑥ 设备制造商和服务提供商越来越多地影响使用其终端设备的用户。这部分是诸如"产品即服务"之类的新业务模型的前提或结果，部分是从控制用户的希望或需要中产生的，或者通常是提供服务的"恶意"应用程序的目标，但其主要目的包括将用户信息从用户暗中传输到 App 提供商。在这些情况下，结果是该设备的用户不是该设备的主用户，并且设备会执行该

---

① 例如参见 BVerfGE 38, 1; 49, 89; 57, 295; 73, 118; 90, 60; 114, 371; 119, 181。

② 例如参见 BVerfGE 65, 1 (41 ff.); 67, 100 (142); 进一步的发展可参见 Christian Geminn/Alexander Roßnagel, JZ 2015, S. 703。

③ 例如参见 Glenn Greenwald, Die globale Überwachung, 2014。

④ 另外可参见 EuGH von 6. 10. 2015, C – 362/14 (Facebook), Rn. 11 ff.; Alexander Roßnagel/Silke Jandt/Philipp Richter, DuD 2014, S. 545。

⑤ 参见 Alexander Roßnagel, Regulierung – was leistet unser Datenschutzrecht (nicht)? in: Hill (Hrsg.), E – Transformation. Veränderung der Verwaltung durch digitale Medien, 2014, S. 78 ff。

⑥ BVerfGE 120, 274 (306 ff.).

用户没有进行并且不能控制的操作。由于这通常是对基本 IT 权利的侵犯，因此，国家有责任使用户能够通过使用适当的检测和保护软件来修改自己设备上的软件以实现自己所需的功能，从而帮助到他们自己。由于这在版权法中存在争议，因此迫切需要立法者作出相应的澄清。①

从目前的情况来看，最困难的任务是确保数字时代的选择和行为自由。将来，作为大数据分析的一部分，统计评估将主要危及这一点。就此对个人数据进行评估或针对个人资料而言，这是信息自决和数据保护的问题。在这两种情况下，这都不应与适用的数据保护法相抵触，② 即使个人数据既不是大数据分析的起点也不是大数据分析的目标，但它们却威胁着个人的决策和行为自由。在这方面，可以区分为以下两个问题领域。③

第一个问题是当谈到情绪和行为的统计预测时存在风险。尽管对要披露的数据进行了谨慎和慎重的选择，但个人仍无法控制某人拥有的数据和知识。当实际的预测遵循这些规则时，通常会忽略这些数据仅是预测并且也可能是错误的事实。因此，大数据将自决和选择自由的风险统一起来，④ 大数据创建了一个匿名社区：⑤ 统计适用于每个人。将其数据用于大数据评估的任何人不仅会给自己带来风险，而且还会给处于类似情况的其他人带来风险。从同意者的数据中得出的评估结果也适用于那些拒绝这种数据服务的人。这样，大数据会破坏注重隐私的行为。如果可以评估其他可比较人员的数据（如果他们已经放弃了），则通过有意识地选择已发布的数据，个人自己的数据流将破坏这种可能性。大数据通过从类似人的数据中推断出平均或个人行为来突破个人数据禁欲主义。即使数据主体不提供任何数据，也可以使用平均值预测其未来行为。

第二个问题是大数据分析生成的统计模式是决策和采取措施的基础，因此具有形成规范和确定行为的作用。如果人们想取得积极的效果并避免负面的影响，则可以使自己的行为适应这些模式。大数据分析可以通过这种规范间接但有效地影响对基本权的认识。这样就如同联邦宪法法院在"普查判决"中已经确定的那样，匿名大数据模式对个人的发展和自由交流以及社会意志形成的

---

① 针对危险可能的防护措施请参阅 Eric Bodden/Siegfried Rasthofer/Philipp Richter/Alexander Roβnagel, DuD 2013, S. 720。

② 例如参见 Alexander Roβnagel, ZD 2013, S. 566；Jan - Peter Ohrtmann/Sebastian Schwiering, NJW 2014, S. 2984；Stefan Weichert, ZD 2013, S. 251；Philipp Richter, (Hrsg.), Privatheit, Öffentlichkeit und demokratische Willensbildung in Zeiten von Big Data, 2015。

③ 另外可参见 Alexander Roβnagel/Maxi Nebel, DuD 2015, S.455。

④ 也可参见 Stefan Weichert, ZD 2013, 254；Alexander Roβnagel, ZD 2013, S.566。

⑤ 参见 Hubig, in: Alexander Roβnagel/Tom Sommerlatte/Udo Winand (Hrsg.), Digitale Visionen – Zur Gestaltung allgegenwärtiger Informationstechnologien, 2008, S. 165 ff。

负面影响是对个人生活的一种监视。① 由于大数据分析能够不断发现新的关联模式，因此乍看之下，它具有使看起来完全不一致的行为特征呈现出积极或消极特征的能力，因此还存在这样一个事实，那就是没人能评估哪些行为具有理想的效果。这会使人们对非标准行为产生期待感，并努力避免通过符合标准的行为引起注意。② 这种统计模式加强了正常的规范性并减少了"社会多样性"。但是社会多样性和自然中的生物多样性一样重要。这是创新与民主的前提。③

对于一个依靠公民的自主和非正式参与的自由民主社会而言，这种对基本权的限制是不可接受的。因此，保障基本权的自由行使是国家的责任。能够履行国家责任的方法可能是排除具有歧视性影响的某些类别的数据，对大数据分析的科学性质、对于分析的可允许目标以及对初始数据的相关性提出要求④和限制可能对第三方产生负面影响的许可。为了防止选择自由和行为自由受到损害并确保民主参与，必须考虑更为根本的解决方案。人格保护应确保"即使在现代信息处理技术条件下"，个人也具有"自由决定是否采取行动的权利，包括根据该决定从事实际行为的可能性"。⑤ 为了达到这个目的，它们"间隙性的闭合功能"⑥ 需要进一步的具体化，而不仅仅是信息上的自决。由于它"与人的尊严格格不入，因此必须对整个人格进行备注和分类，无论是以统计调查的匿名性，还是将其视为一件事"，⑦ 它必须将大数据分析限制在符合宪法目的的范围内。⑧

三、结论

有关政府在参与数字化时代的责任范围的研究揭示了许多可以确定政府责任的行动领域。这主要是由于国家有义务保护其公民的基本权利。如果在现实中暴露出这些新的威胁，这将启动政府保护和促进这些基本权的责任。政府机构如何完成保护任务，人们可以在广泛的决策范围内将保护措施确定为是最低

---

① BVerfGE 5，1（43）.

② 参见 Stefan Weichert，ZD 2013，S. 258；相关例子参见 Alexander Roβnagel，ZD 2013，S. 566。

③ Dirk Helbing，Neue Zürcher Zeitung，20. 3. 2013，S. 31，mit Verweis auf das Konzept der "Weisheit der Vielen"。

④ 另外可参见 § 28 b Nr. 1 BDSG für Scoring。

⑤ BVerfGE 65，1（42 f.）.

⑥ BVerfGE 120，274（313）.

⑦ BVerfGE 27.1（6） – Hervorhebung durch Verfasser。

⑧ 参见 Alexander Roβnagel/Maxi Nebel，DuD 2015，S. 459。

限度的。但是，如果国家采取保护性措施，则每个公民都有分享这些措施的基本权利。此外，国家参与数字化时代的责任还有其他的理由。基本权下的抗辩权要保障真正的自由。实现基本权的不同条件对于行使这种预定的自由具有决定性的作用。由于几乎所有生活领域都在数字化，这些权利可能会发生根本性的变化。这是为了在新的现实条件下也能保证自由，以及即使在变化的条件下国家也能承担起创造保证自由的新框架条件的责任。

在"电子法律交互文书"和"电子行政"领域的研究中可以找到国家责任的履行方式。在这两个领域中，国家基本上都履行了自己的职责。在电子法律交互领域，国家发布了适当的法规，这些法规提供了可信赖的框架，可以在市场上提供质量足够的值得信任的服务，并促进可靠的信任基础结构的发展。在电子行政领域，国家提供了一个法律框架，在其中建立了可以执行数字时代的所有管理功能的电子行政的机会和义务。

通过研究，我们至少在以下行动领域中（"基础设施""信息""信息技术安全""基本权保护"）发现了国家的其他责任。在这些行动领域中，政府机构在今后仍将不得不面对艰巨的任务。

无论个人任务如何，在承担国家责任时都需要考虑组织安全。国家需要适当的机构和程序来执行其任务。特别是在数字化时代，识别新挑战并获得适当应对挑战的能力至关重要。因此在组织上，必须确保立法机关和其他政府机构根据其在国家信息和行动结构中的作用来确立其观察和整顿的义务。

（责任编辑　陈　统）

一段分裂史：汉斯·凯尔森与
欧根·埃利希论战[*]

米哈伊尔·安东诺夫　著　　曾立城　译[**]

摘　要： 规范法学与法社会学之间的冲突，在今天仍是未竟的议题。它最早可以被追溯到凯尔森与埃利希的论战。在背景和动机上，埃利希的边缘地位将他推向多元主义，凯尔森则选择了单边主义和一元论。论争的极点之一是法律科学的纯粹性。凯尔森限定法律科学的研究对象、拟制出基础规范的做法，是一种"智识经济"实践。埃利希对法律人非必要性的指责、对区分法律与其它现象的回避，使自己陷入不利地位。论争的极点之二是法律的一元性或多元性。在此，凯尔森坚持法律的排他性，埃利希则辩护一种包容性命题。但是两位学者并非没有共识，他们采取了一些相同的理论前提和方法。这场论战展现出规范法学和法社会学的极端版本以及各自的可能困境。

关键词： 汉斯·凯尔森　欧根·埃利希　法律科学　纯粹法理论　法社会学

一、述评

两个看上去备受争议的法学进路（规范进路和社会学进路）之间的矛盾，

---

[*]　原文为 Mikhail Antonov, *History of Schism：the Debates between Hans Kelsen and Eugen Ehrlich*, 5 Vienna Journal on International Constitutional Law, 5 – 21 (2011)。摘要和关键词为译者所加，引注格式略有调整。

[**]　米哈伊尔·安东诺夫（Mikhail Antonov），俄罗斯国立研究大学高等经济学院（HSE）法学教授；曾立城，中国政法大学法学院 2020 级博士研究生。

持续发生在 20 世纪的法哲学史当中。在今天，几乎不可能主张说，这个矛盾已经被摆平了，因为我们依然面对着触及（用哈贝马斯的话来说）法律的事实性与规范性之议题的众多论争，它构成哈特和富勒在 19 世纪 50 年代的、拉兹和德沃金之间的、布柳金和阿列克西之间的、以及许多其他未竟的论争的核心议题。在凯尔森和埃利希之间的、关于法律的社会学分析之前提与应用的论战，第一次直截了当地触及这项议题的焦点。在此之后，法律理论的发展总是直白地或隐晦地涉入这场论战的延续之中，因此充分理解这场作为根基的论战，将有益于解决当下的法律理论问题。

在 20 世纪之初，人们可以观察到法哲学发展的重要转向。自然法观念已经统治了法律科学的这个分支若干个世纪之久，至此开始迅速衰退，取而代之的进路宣称自己是唯一科学的进路。实证主义的法哲学，在法律思想的各个重要领域开疆拓土。任何一个法律部门的教授，都几乎不可能胆敢质疑实证主义的如下做法：将法律理解为权威制定的某种命令。尽管如此，当实证主义的劲敌（自然法学）被打倒在地，在实证主义法学者内部旋即发生了激烈的争论。实证主义通过其在背景理论层面上世界观的简洁性，吸引了诸多研究者，也为应用研究和实践取向的研究腾出了大量空间。但是，当工具主义法律理论证明实证主义是不充分的，它的这个主要优点就立即变成了缺点，法律的概念观（经由统治团体的、有实效的制裁活动）也不再能够承受住理论攻击。

于是，一些人做出了重要的探索，从其他视角来证立实证主义进路，其中最具影响力的是汉斯·凯尔森的纯粹法理论和欧根·埃利希的法律社会学。凯尔森的理论将法律的存在与法律的效力等而视之，它们以法律规范的层级结构为条件，基础规范位于其中的基础地位。对凯尔森这位坚持区分应然与实然的新康德主义的虔诚信徒来说，一般而言，正是这个层级结构的连贯性组织起了效力。与这种观点相对立，埃利希的社会学进路试图摧毁这个显然牢不可破的区分——他的代表作①自命不凡的标题确实标示出这个目标。在埃利希的《法社会学原理》② 于 1913 年出版之后，这一对关于法学的方法论的冲突视角立刻就狭路相逢，尽管人们可以想到，早在从 1915 年到 1917 年凯尔森和埃利希之间发生的、刊载于一本德语科学杂志的著名讨论之前，两种视角的对立就已经暗流涌动。

埃利希对严格区分实然与应然的主流学说的挑战，以及对在法律科学中不

① Eugen Ehrlich, *Grundlagen der Soziologie des Rechts*, 1913. 在本文中，对该书的引用依据是其英译本：Eugen Ehrlich, *Fundamental Principles of Sociology of Law*, 1936。

② 中译本可参见［奥］埃利希：《法社会学原理》，舒国滢译，商务印书馆 2022 年版。——译者注

仅需要规范分析，而且需要吸收心理学、经济学，尤其是社会学的主张，是这场讨论的导火索。这两位卓越的奥地利法律理论家的论争焦点有道德与法律的分界线、对法律的心理学分析之可能、国家与国家官员的法律角色及功能。最为重要的焦点是，关于在法律研究中应用社会学方法之限度的分歧。埃利希的攻击瞄准了两个主要目标：摧毁将法律科学还原为对法律规则的纯粹描述与体系化的法教义学，以及夺取国家法在法律渊源的层级结构中的支配地位。这场论战成为了 20 世纪法律理论之发展的经典一役。即使凯尔森的理论渊源和埃利希的理论渊源极其地相互独立，这两个人都在讨论中获益良多。人们可以清楚地看到，在这场讨论中以及之后的几年，凯尔森形成了我们今天所熟知的、以严格区分事实与规范和强力（power）与义务（duty）为基础的观念。然而，凯尔森后来也开始灵活地承认他的法律命题的相对性，对在自己的法律学说中吸纳社会学因素和心理学因素的可能做法也更加宽容（在这方面，《纯粹法学说》的第二版①尤其明显）。

接下来，我们将进入埃利希和凯尔森的观念之间的主要分歧，在这个过程中两名学者富有成效地交流了各自的想法②。我们应当尝试在讨论的两个主要极点上定位两位理论家的论证：一门科学的纯粹性的限度，以及法律多元化的可能性。我很清楚，这两个界标都是有条件的，也没法穷尽两个对立立场之间的真实矛盾与潜在矛盾的多样性，但是在我看来，它们提供了有用的工具，来让我们更好地理解 1915 年到 1917 年之间的、发表于《社会科学与社会政治学论丛》的凯尔森与埃利希论战中的双方立场。在展开分析之前，我们应当对其中心理上和存在上的动机作些评论，它们可以（至少部分地）解释这场论战的基调。

---

① 中译本可参见 ［奥］汉斯·凯尔森：《纯粹法学说》（第二版），［德］马蒂亚斯·耶施泰特编，雷磊译，法律出版社 2021 年版。——译者注

② 在这篇短文中，我无意于提供对埃利希与凯尔森之间的讨论的完整描述，它已经被如下文章娴熟地刻画出来了：Hubert Rottleuthner, *Rechtstheoretische Probleme der Soziologie des Rechts. Die Kontroverse zwischen Hans Kelsen und Eugen Ehrlich* (1915 – 1917), 5 Rechtstheorie (1984)；Agostino Carrino, *Eugen Ehrlich e Hans Kelsen：una controversia sulla sociologia del diritto*, 1993. ddd. uab. cat/pub/worpap/1993/hdl20721401/ICPS79. pdf；Klaus Lüderssen, *Hans Kelsen und Eugen Ehrlich*, in Stanley L. Paulson and Michael Stolleis eds. , Hans Kelsen：Staatsrechtslehrer und Rechtstheoretiker des 20. Jahrhunderts, 2005；Bart van Klink, *Facts and Norms. The Unfinished Debate between Eugen Ehrlich and Hans Kelsen*, in Marc Hertogh ed. , Living Law：Reconsidering Eugen Ehrlich, 2009。我在此处的目标只是概述这场论战的核心对立与潜在动机。

（一）论战的动机

当分析凯尔森的批评观点时，出现的第一个问题是这位维也纳教授采取敌对立场的内在动机。确实，凯尔森于 1915 年发表于《社会科学与社会政治学论丛》的、对埃利希的《法社会学原理》的辛辣批评并不出人意料，因为在当时，很少法学研究者能够容忍在对法律的观念中吸纳任何事实（社会学或心理学的）内容的尝试。与此同时，为了精细地理解法律的运作，将法律研究与社会学研究相结合、或者至少在法律研究中考虑社会学研究所获得的材料的主张，根本就不是什么新鲜发现，凯尔森本人在 1911 年证立他的命题时也不可能反对这种想法[①]。且不论由罗斯科·庞德领军的美国现实主义法学，自由法运动在法国（弗朗索瓦·惹尼）和德国（赫尔曼·康特洛维茨和恩斯特·富克斯）已经取得了长足的进步。许多法律理论家（包括凯尔森）把这场运动的追随者得出的结论当作是富有启发性的和可被接受的。因此，同样是在《社会科学与社会政治学论丛》这份杂志上，凯尔森在批评康特洛维茨的社会学观念时，甚至承认就检验法律规范在其运作的社会中制造的因果关系而言，关于法律的社会学研究是有益的；[②] 但是他在攻击埃利希的理论时，并没有采取相同的观点，而是声称埃利希的法律社会学毫无科学价值。

因此，相比于其他人的观念，埃利希的工作仿佛在某些方面是与众不同的，这也使得本文对这些法律理论家如此关心。在 20 世纪之初，加布里埃尔·塔尔德（Gabriel Tarde）和埃米尔·涂尔干（Emil Durkheim）发表了开创式的研究成果，此后社会学进路对许多研究者来说变得极具吸引力。迪奥尼西奥·安齐洛蒂（Dionisio Anzilotti）已经非正式地创建了"法律社会学"的名号，创造一门法律的社会学科学的观念呼之欲出。即使人们同意曼弗雷德·雷宾德（Manfred Rehbinder）的说法，认为相比于在欧洲，埃利希的作品在海外获得了更多的尊敬与取得了更大的成就，也还是认为埃利希和他的《法社会学原

---

① Cf. Hans Kelsen, *Hauptprobleme der Staatsrechtslehre entwickelt aus der Lehre vom Rechtssatze*, 1911, 42ff. 在如下专门关于相关问题的公开报告中，他还仍然相信社会学方法对实践目的是有用的：Hans Kelsen, ? ber Grenzen zwischen juristischer und soziologischer Methode. Vortrag gehalten in der Soziologischen Gesellschaft zu Wien (1911)。在他后来的作品中，凯尔森明确地解释道，他的纯粹法理论"并非认为法律规范的内容是不相关的（irrelevant）"[Hans Kelsen, *On the Pure Theory of Law*, 1 Israel Law Review 4 (1966)]，因此因果分析不应当被取消，而是应当"被添加进规范解释中"（Hans Kelsen, The Communist Theory of Law 1955, p. 194）。

② Hans Kelsen, *Zur Soziologie des Rechts. Kritische Bemerkungen*, 39 Archiv für Sozialwissenschaft und Sozialpolitik, 602 (1912)。

理》标志着一门新的科学学科的出现①。尽管如此，埃利希的作品远没有人们所期待的那样去主张创造一门法律的社会科学，当西奥多·盖格（Theodor Geiger）在《法社会学原理》中除了"以不厌其烦的谨小慎微来描述不证自明的真实"② 之外什么也没有发现，我们也完全可以共情他的惊讶。我们也相当可以理解凯尔森的失望，他在其批评文章的一开始就指责埃利希对一贯性的缺乏和不必要的精细，它们突然地就推向了关于法律和社会的武断认识③。我们可以想象，如果埃利希的学说只是局限于自由法律发现（Freie Rechtsfindung）的模糊观念，而没有主张创建一门意图揭露教义法学的弊病的、独立的法律社会科学，那么凯尔森的批评（如果还会有的话）将会温和得多④。

但是埃利希的目标，并不是出于满足教义法学的需要而单纯地搜集和描述事实材料及其组织。他的壮志雄心是，摧毁法律人在处理法律的文本时，相信他们自己处理的正是法律的这种信心——这种视角只能给法律人提供不确定的和伪装的法律样貌。为了实现他的目标，埃利希总结了法律的教义学的（法学的）进路⑤ 和科学的（社会学的）进路之间的区别——凯尔森在他的评论中对这个命题展开了最猛烈的抨击⑥。埃利希做出了巨大努力（甚至看起来有些过度），来证明法律的规范概念的贫瘠，证明法律人只处理了法律的极小部分（"它们作为法律在司法程序中是重要的"），而忽略了所有其它的法律（"它们作为法律在人类社会中存续与运作"）⑦。因此，法律人由于担忧搅乱法学的

---

① Manfred Rehbinder, *Die Begründung der Rechtssoziologie durch Eugen Ehrlich*, 1967.

② Theodor Geiger, *Ehrlichs Grundlegung der Soziologie des Rechts*, 1 Archiv für angewandte Soziologie 44 (1929).

③ Hans Kelsen, Eugen Ehrlich, Rechtssoziologie und Rechtswissenschaft. Eine Kontroverse (1915 – 1917), Manfred Rehbinder ed., 2003, p. 46.

④ 在埃利希的《法社会学原理》出版之前，调和社会学与法律理论的想法就已经在德语国家中存续了好些年。值得一提的是埃利希本人在 1906 年发表的文章 [Eugen Ehrlich, *Soziologie und Jurisprudenz*, 3 Österreichische Richter – Zeitung, 57 – 72 (1906)], 成为 1909 年胡果·辛茨海默（Hugo Sinzheimer）的讨论文章（参见 Hugo Sinzheimer, *Die Soziologische Methode der Privatrechtswissenschaft*, in Hugo Sinzheimer, Arbeitsrecht und Rechtssoziologie, 1967, p. 3 – 23 及其下篇）以及凯尔森首次刨根问底地攻击的对象 [参见 Hans Kelsen, *Zur Soziologie des Rechts. Kritische Bemerkungen*, 39 Archiv für Sozialwissenschaft und Sozialpolitik, 602 (1912)].

⑤ 这个进路仅仅是 "一种更加强调制定法之颁布的形式"。Eugen Ehrlich, *Fundamental Principles of Sociology of Law*, 1936, p. 19.

⑥ 在埃利希后来的作品中，他通过捉住凯尔森的 "假设的/拟制的" 规范理论的核心观念，来高明地予以答复："不是去根据人类的法则来查验我们的发现，而仅仅是去制造一个表现为如此的发现"。Eugen Ehrlich, *Die juristische Logik*, 1918, p. 74; 英译文出自 Alex Ziegert. *A Note on Eugen Ehrlich and the Production of Legal Knowledge*, 20 (1) Sydney Law Review 7 (1998).

⑦ Eugen Ehrlich, *Fundamental Principles of Sociology of Law*, 1936, p. 9 – 10.

规范纯粹性（应然）而拒绝考虑事实生活和法律实践（实然）的行为，无异于将婴儿和洗澡水一起泼掉①的做法。

这位来自切尔诺夫策的教授相信，这种关于研究事实材料的方法论新工具，能够帮助法律人摆脱对实证的和真正的法律科学的盲目无视，因此法律社会学宣称是能够将法律实践从"受讥讽的幼稚病"中摆脱出来的"唯一可能的法律科学"②。在这项工作中，埃利希所依据的关键点是对活法的观察，活法组织起行为、交易、社团，并且"即使没有被安置在法律规定中，也支配着生活本身"③。国家法只具有辅助功能——在社团本身无法通过社会强制的通常方式来解决纠纷和公权力的强制行使被需要之时，它才予以介入。所以，法律规范的效力和实效，都更多地依赖于人们的认可和尊重、而不是国家及国家官员的强制，借此，法律主要存在于国家法的范围之外④。埃利希并非不清楚，这样的断言难免要遭到"教义学取向的"法律学者的敌视，凯尔森是最早质疑这位新科学奠基其想法可信程度的人，但不是唯一的一个质疑者⑤。

除了这些一般的方法论观察，各自的存在环境也很可能影响这两位科学探究者的理论。罗杰·科特雷尔（Roger Cotterrell）恰当地指出，中心和边缘的辩证对立，不断地塑造和重塑着居住在奥匈帝国东部边缘的埃利希的想法⑥。埃利希在他居住的地区布科维纳，是当时德国文化的代表人物；同时由于他的犹太血统和他所供职的切尔诺维茨大学地处偏远，他在这个文化圈子里又仿佛

---

① 原文为"throwing the baby along with the bathwater"，意指在丢弃不好的事物的同时，也丢弃了有价值的东西。——译者注

② Eugen Ehrlich, *Fundamental Principles of Sociology of Law*, 1936, 274ff. 在埃利希看来，"我们需要的只是睁开双眼和竖起耳朵，去学习对我们的时代的法律有意义的所有事情"（Eugen Ehrlich, *Fundamental Principles of Sociology of Law*, 1936, p. 489）。这种"方法论的"意图必然激起凯尔森最真切的愤慨。

③ Eugen Ehrlich, *Fundamental Principles of Sociology of Law*, 1936, p. 493.

④ Eugen Ehrlich, *Fundamental Principles of Sociology of Law*, 1936, 132ff.

⑤ 针对埃利希的《法社会学原理》的第一场攻击来自弗里德里希·哈恩（Friedrich Hahn），并获得了埃利希的积极回应。Cf. Eugen Ehrlich, *Zur Soziologie des Rechts. Entgegnung auf eine Rezension von Friedrich Hahn*, 7 Der Kampf. Sozialdemokratische Monatsschrift, 461 – 463（1914）. 在诸多批评文章中，尤其值得一提的有：Nickolas Timasheff, *Review of Ehrlich's Fundamental Principles of the Sociology of law*, 2 American Sociological Review（1937）；Paul Vinogradoff, *The Crisis of Modern Jurisprudence*, The Collected Papers of Paul Vinogradoff 2, 222 – 224（1964）；Gerhard Husserl, *Review of Ehrlich's Fundamental Principles of the Sociology of Law*, 5 University of Chicago Law Review（1938）；N. O. Littlefield, *Eugen Ehrlich's Fundamental Principles of the Sociology of Law*, 19 Maine Law Review（1967）；F. L. Neumann, *Review of Ehrlich's Fundamental Principles of the Sociology of Law*, 43 American Journal of Sociology（1973）。

⑥ Roger Cotterrell, *Ehrlich at the Edge of Empire: Centres and Peripheries in Legal Studies*, in Marc Hertogh ed., Living Law: Reconsidering Eugen Ehrlich, 2009, p. 75 – 94.

蜷缩在角落。在科特雷尔看来，正是这种模糊不清的边缘地位，指引着埃利希的法律思想，将他推向一项能够调和不同文化的综合工作。这项工作的关键词是多元主义、多元文化主义之承认、不同传统在帝国的社会生活和政治生活中处于相同地位之许可①。

凯尔森的存在环境也与此相似。凯尔森的学术生涯开始于 1910 年，彼时正是奥匈帝国走向衰亡的前夕，他不可能没有意识到这些想法。由于他的犹太血统，他也处于边缘地位，不得不处理主流文化与少数人的文化之间的关系问题。凯尔森选择了以单边主义进路为基础的另一种综合工作，他相信，这种单边主义本可以拯救（一门科学理论的、一个规范体系的、一个庞大帝国的）大厦之将倾。凯尔森的基本想法转译过来就是，为了控制生活中的多样性和差异化，人们必须超越生活。这种对多样性的恐惧，担心它拥有毁灭本就不牢固的现实的能力，占据着凯尔森的精神面貌，并把他推向了理论一元论的、遥不可及的领域。这种存在差异可能很好地解释了这两位奥地利思想家之间论战的苛刻语调，当时，他们的国家在第一次世界大战中变得四分五裂②。

从这个角度出发，我们也能够辨识出一些奠定埃利希和凯尔森的理论差异的政治动机。凯尔森将他对埃利希的社会学的抨击纳入反对法律与国家的整体观点的更宽泛的论战当中，对凯尔森来说，这种观点支持了反民主的和极权的政治设计③。如果我们看一下凯尔森在当时和随后几年与奥特玛·斯班（Othmar Spann）或卡尔·施密特（Carl Schmidt）这两位社会整体论进路支持者的讨论的主要内容，就有可能在字里行间也发现凯尔森拒绝埃利希的法律社会学的原因。总结这些讨论，我们可以发现，对凯尔森来说，法律和国家的社会学理论根本上是不可被接受的，因为这种理论不可避免地要奠基于被他与社会神秘主义联系起来的社会整体观之上。他顽固地反对除了通过法律体系的规范性之外的其他任何对社会统一的解释，为了对国家和法律的理解中的"排他性规范主义"，他哪怕牺牲对现实法律现象之描述的真实性。同时，人们可以回想起，在德国的民族社会主义时期，凯尔森的规范逻辑（Normlogik）所强调的中立性为他的理论所带来的成功。与此相反，埃利希的法律多元主义让这两类人感到厌恶，一类是那些（像凯尔森一样）担忧多元化可能导致国家崩溃的人，另一类是那些担忧不够集权化的法律规制可能导致力量雄厚的团体与社

① Cf. Gunther Teubner, *Global Bukowina: Legal Pluralism in the World Society*, in Gunther Teubner ed., Global Law Without a State, 1997.

② 两位思想家研究领域的差异也是争执的一个存在基础。凯尔森经受过宪法学严格的逻辑训练，他不能够接受与事实共舞的轻浮行为，而这正是以罗马法为主要事业的埃利希在方法上的特色。

③ Cf. Hans Kelsen, *Verteidigung der Demokratie*, 2 Blätter der Staatspartei 90–98 (1932).

会精英之统治的人①。

（二）论战的极点

科学的方法论是埃利希和凯尔森观点碰撞的关键点之一。从康德的理论知识之纯粹性观念出发，凯尔森认为只能通过法律命题的考察来理解法律。按照这种观点，严格法（jus strictum）或者纯粹于所有相关的（经济、社会、道德或历史特征的）事实因素②的法律，才是与实践研习相对的科学研究的唯一真正主题。科学观察因此必须被限制在法律的规范结构中，它应该站在纯粹应然（rein Sollen）的视角上。

在凯尔森看来，这种应然作为一套意义而存在，它独立于任何道德考量或者对任何经验事实的因果考察③；法律是一个自在之物（Ding an sich），它不期待对真实的社会关系产生任何影响。对法政策学来说，关于法律之事实功能的观察，可能是有用的、甚至是重要的，但是这与研究法律规范的纯粹结构的法律科学并没有什么关系。这门科学致力于界定法律的认识，这并不是因为它忽视（或否认）法律与道德或心理学的关联，而是因为它希望"避免不加批判地混合在方法上各不相同的学科，这种混合模糊了法律科学的本质、消除了法律科学的主题性质对它施加的限制"④。按照这种思路，法学和社会学不可能共享着一套方法，前者研究法律中的应然秩序，后者研究实然秩序或法律事实之间的因果关系。对凯尔森来说，实然与应然的区分是如此地明显，以至于他承认无法理性地解释这一点——为了进一步地分析法律，我们只需要将这个区分接受为前提就好⑤。与此同时，无论是凯尔森还是法律的规范分析的其他支持者，都不敢否认社会生活对立法、执法和普遍的法律实践的实际影响，以及进而对法律本身的影响。显然，凯尔森意识到了，法律调整的真正对象是人

---

① Manfred Rehbinder, *Die Begründung der Rechtssoziologie durch Eugen Ehrlich*, 1967, p. 94.

② 用凯尔森的话说是"纯粹于所有政治意识形态和自然科学因素"。Hans Kelsen, *Reine Rechtslehre*, 1934, p. 3.

③ Hans Kelsen, *The Pure Theory of Law*, 1967, 94ff.

④ Hans Kelsen, *The Pure Theory of Law*, 1967, p. 1. 关于凯尔森对法律社会学的态度，可参见：Renato Treves, *Hans Kelsen et la sociologie du droit*, in Droit et société 1 (1985)；Stanley L. Paulson ed., *Hans Kelsen und die Rechtssoziologie*, 1992；Charles Eisenmann, *Science du droit et sociologie dans la pensée de Kelsen*, in Henri Battifol, Norberto Bobbio eds., Méthode sociologique et droit, 1958。

⑤ 凯尔森解释道，实然和应然拥有"不同的根基"：意愿（情感）和理由（逻辑）。Cf. Hans Kelsen, *The Pure Theory of Law*, 1967, p. 5 - 7. 尽管如此，我们应当注意到，凯尔森采用了一个相当宽泛意义的应然概念——它不仅包括以命令为形式的法律命题，还包括施加这些命令的事实力：授权和许可（Hans Kelsen, *The Pure Theory of Law*, 1967, p. 5）。

类行为①,埃利希对"否认"法律之社会现实的"主流法律理论"的批评,是有缺陷的。

事实上,教义法学是一种"智识经济"②的实践,它把注意力放在了法律命题的形式分析,而忽略了关于道德、社会现实和其他法律层面的讨论。在凯尔森最后的作品中,他跟随汉斯·法因恩(Hans Vaihingen)的仿佛哲学(philosophy of Als-ob)思想,选择了另一种方法论,直接承认他的基础规范不过就是帮助我们理解法律的拟制。没有这样的拟制,我们的认知能力就不足以把握什么是法律,在这种情况下,凯尔森找到的最佳解决方案是将理想的应然规范与现实相对立(Widerspruch zur Wirklichkeit)。换句话说,法哲学的任务是与现实相对立,以便把握现实③。基础规范的假设或拟制,通过直接导向这一假设性规范的简单捷径,允许我们切断确认法律秩序效力的漫长道路。这种方法并不意味着,这些现象被认为是缺乏意义的和不值得探究的。这种探究只是被排除在法学的范围之外——对埃利希来说,这个解决方案是完全不能接受的,埃利希不遗余力地揭开"教义取向的法律人"的反科学行为。如上所述,这些努力并不成功,因为凯尔森和他的盟友无论如何都不可能逃脱于法律的社会现实,即使是在从一条规范到另一条规范之间建立逻辑联系的、最纯粹的法律归结,也同时不可避免地要在现实中产生特定的事实效果④。

尤其是在凯尔森后期的作品中,他毫不犹豫地承认,社会关系和人类行为构成了法律调整的真正对象。但是这种对法律关系的事实填充,是留给处理因果关系的其他科学学科来探究的⑤。其中,社会学科可以描述法律在社会环境中的表现形式⑥。对应用法律科学来说,由这些研究获得的材料是有用的,

---

① 凯尔森提供了一个方法论工具,来掌握法律规范和人类行为的关系,它就是归结(imputation, Zurechnung),它意味着"人类行为与条件的每一关系,这些条件说明了规范所命令或禁止之事"。Hans Kelsen, *The Pure Theory of Law*, 1967, p. 92.

② 根据这一时期流行的恩斯特·马赫(Ernst Mach)的理论,它指的是这样一种方式:切断一长串的智力思考,来快速地达到所需要的结论,从而节省智识精力。Cf. John T. Blackmore, *Ernst Mach - His Life, Work, and Influence*, 1972.

③ 我们无意于踏足凯尔森的基础规范概念的演变细节,而是参考鲍尔森(Paulson)教授的研究论文。Stanley L. Paulson, *Die unterschiedlichen Formulierungen der "Grundnorm"*, in Aulis Aarnio, Ota Weinberger et al. eds., Rechtsnorm und Rechtswirklichkeit. Festschrift für Werner Krawietz, 1993.

④ 凯尔森并没有否认这种探究的有用性,他也一直认为,埃利希决定创立一门新的科学学科不过是为了提出这样的自明之理。Hans Kelsen, *Eine Grundlegung der Rechtssoziologie*, in Hans Kelsen, Eugen Ehrlich, Rechtssoziologie und Rechtswissenschaft. Eine Kontroverse (1915 - 1917), Manfred Rehbinder ed., 2003, 54ff.

⑤ Hans Kelsen, *The Pure Theory of Law*, 1967, p. 85.

⑥ Hans Kelsen, *Allgemeine Theorie der Normen*, 1979, p. 215.

但是它们只反映了法律运作的环境，而没有给出法律本身的图景。在凯尔森看来，即使是对促使人们遵守法律的助推力的分析，例如马克斯·韦伯的理解社会学所做的那样，也不能够解释法律，因为这种分析是对在法律上必须要做的事提供因果解释，它的工作是后天的①。

科学立场的根本分歧不可能不导致冲突。凯尔森主张清楚明白地区分法律的科学（法学）和关于法律的科学（社会学分析等），而埃利希对此提出了严峻挑战："在当前和在任何其它时候，法律发展的重心都不在于立法、也不在于法律科学或者司法裁判，而在于社会本身"②。这个挑战看起来是对"主流法学"的致命威胁，因为它挑战的不仅是法律人的传统信念，而且还有他们的权宜之计——通过应用一成不变的法律规则来解决社会纠纷，从而赚取他们的一日三餐。埃利希不仅将枪口对准了实践的可验证性和解释法律生活之环境的能力，在他的书中，他还指责"传统的"法律实践的基础是无实效的③。埃利希本人可能也无法完全预料到这种后果，他的目标不是解构法律科学和法律实践，而是通过利用崭新的和成果丰硕的社会学方法来丰富法律科学和法律实践。

在这场对决中，凯尔森高明地强调了这个由埃利希提出的、作为他的《法社会学原理》其他观点的主要预设之一的指责带来的严峻挑战，这使得凯尔森进一步的攻击获得了大多数法律人的支持。站在这个角度，我们可以部分地理解埃利希在与凯尔森的论战中的犹豫不决——意识到自己实际上指责了法律人的非必要性，他停止开展进一步的实质论证，尝试将讨论转换为纯粹的口头争论并在这种微妙的情况下保持中立④。但是埃利希无法跨越这个障碍，正

---

① 凯尔森坚持认为，法学的主题只由"理想的有效法律规范"组成，它与社会学的研究领域有实质差别，后者是在计算人们相信特定秩序的效力以及依照这个秩序行动的可能性。（Hans Kelsen, *General Theory of Law and State*, 1961, p. 175 – 176.）凯尔森甚至不承认，这些研究领域能够汇聚和融合在像是法律社会学这样的交叉科学——在他看来，法律社会学的主题不是法律本身，而是"与法律相平行的特定自然现象"（Hans Kelsen, *The Pure Theory of Law*, 1967, p. 82）。

② Eugen Ehrlich, *Fundamental Principles of Sociology of Law*, 1936, Preface.

③ 有征兆性的是，埃利希的观点也受到了社会学法学支持者的攻击，如胡果·辛茨海默，后者无意于破坏法律和国家的联系。参见他在 1910 年关于"法学和法律社会学"的著名会议上的论文：Hugo Sinzheimer, *Die Fortentwicklung des Arbeitsrechts und die Aufgabe der Rechtslehre*, Soziale Praxis und Archiv für Volkswohlfarht (1911)。赫尔曼·康特洛维茨在这次会议中，只呼吁更密切地关注使法律实现社会利益目标之事物的价值。Hermann Kantorowicz, *Rechtswissenschaft und Soziologie*, in Hermann Kantorowicz, Rechtswissenschaft und Soziologie. Ausgewählte Schriften zur Wissenschaftslehre, 1962. 他的立场也不同于埃利希对当时法学的勇猛抨击。

④ Eugen Ehrlich, *Entgegnung*, in Hans Kelsen, Eugen Ehrlich, Rechtssoziologie und Rechtswissenschaft. Eine Kontroverse (1915 – 1917), Manfred Rehbinder ed., 2003, p. 57.

如他在那本开创式的著作中所信服的那样，法律人的任务不是从特定的规范材料中推演出法律后果，而是收集事实材料并确立法律是什么。显然，很少法律人有能力执行这项任务，事实上只有一个替代选择——改变法律人的法律意识，或者用更实际的话来说——在未来的法律人的大脑中引入新的法律意识。埃利希完全知道，除非对法学教育进行改革，否则他的目的不可能实现①。

凯尔森发现了埃利希立场的另一个弱点，他没有错失从中受益的机会，在这场博弈中又走出了高明的一步：他问埃利希如何将人类行为的法律面向与经济、社会、宗教和其他面向区别开来？埃利希清楚地意识到了这个问题，但是他完全不情愿予以答复。因此，他在 1911 年写道："每个法律人都知道，法律和道德之间不可能是泾渭分明的；昨天的道德往往会成为今天的法律，所以法律就是昨天的道德"②。在 1912 年发表的研究中，埃利希的态度甚至更加坚决了："且让那些比我有机会来抽出更多时间研究无用术语的人，来决定我们研究的是道德还是法律"③。在他 1913 年的巨著中，埃利希不得不采取一种更为灵活的姿态，因为他意图为一门新的科学学科奠定基础，不能直接无视这个问题，他甚至提出了保留意见，认为法律的社会科学不能 "用一个简洁明了的公式来说明法律和道德的区别"④。在随后的斯堪的纳维亚现实主义和相对主义进路关于法律知识的研究中，这个立场并非全无益处，它出现在批判法学研究或卢曼（Luhmann）的理论当中。法律、道德、社会——所有这些都只是描述现实的词汇，但是这些描述和定义［用埃利希的术语来说是智识事物（gedanklichen Dingen）］从来就不可能是完全充分的，因此 "非法律的规范转化为法律规范是如此地容易，以至于在大多数情况下，作出区分是根本不可能的"⑤。就此来说，法律只是一种人们脑海中的 "智识图景（Gedankengebilde）"，它指的是关于法律的观念，而不论什么东西被官方承认为法律。根据

---

① Cf. Manfred Rehbinder, *Richterliche Rechtsfortbildung in der Sicht von Eugen Ehrlich*, in Manfred Rehbinder, Abhandlungen zur Rechtssoziologie, 1995. 1911 年院长就职演讲的标题揭示了埃利希的中心意图。［Eugen Ehrlich, *Was kann geschehen, um bei der Ausbildung das Verständnis der Juristen für psychologische, wirtschaftliche und soziogische Fragen in erhöhtem Masse zu fördern?*, Verhandlungen des 31 Deutschen Juristentages (1912).］

② Eugen Ehrlich, *Die Erforschung des lebenden Rechts*, in Eugen Ehrlich, Recht und Leben. Gesammelte Schriften zur Rechtstatsachenforschung und zur Freiheitslehre, Manfred Rehbinder ed., 1967, p. 20.

③ Eugen Ehrlich, *Das Lebende Recht der Völker in der Bukowina*, in Eugen Ehrlich, Recht und Leben. Gesammelte Schriften zur Rechtstatsachenforschung und zur Freiheitslehre, Manfred Rehbinder ed., 1967, p. 48.

④ Eugen Ehrlich, *Fundamental Principles of Sociology of Law*, 1936, p. 167.

⑤ Eugen Ehrlich, *Fundamental Principles of Sociology of Law*, 1936, p. 130.

这些源自可感知的现实的观念，人们建构出社会现实①。比后现代主义提出的命题还要早，埃利希主张，人们不能假定定义给出了关于现实的任何真正的和完全充分的图景，因为这些定义是"因变量"，它们并非由研究者提供，而是构成经验研究本身的组成部分②。

因此，关于法律和道德之间边界的论辩，构成这两位奥地利哲学家讨论的另一个焦点。埃利希不断地指出，人类的心灵和语言不可能提供一个对法律的确切描述。从这个角度出发，他抨击区分法学现象和非法学现象的单边主义做法，作出这种区分的唯一标准就是法律的创制和适用方式。凯尔森提出的简单公式就是这种单边主义的典型——如果一条规定是由国家创制的、并受到国家官员实施的制裁的支撑，那么它就是法律③。否则，我们面对的就是另一种现象，它能够影响人类的行动、拥有统治人类行动的能力，但是对它的研究却超出了作为一门纯粹的规范科学之法学的范围。据此，凯尔森只将法律性质赋予那些与强制命令相关的规范。这有利于在逻辑上将不施加制裁的道德要素从法律中净化出去，但是同时它也使法律人与对法律功能的理解渐行渐远。古维奇（Gurvitch）解释了这种立场："法律仅仅是纯粹的规范，它只认可规范的和形式主义的研究方法，对这个研究对象来说，所有其它方法都是破坏性的。"④

埃利希勾勒出一个相当不同的策略，它再次与法律多元主义的观念紧密联系。埃利希推断，法律交流形成了区分法学现象与非法学现象 [或者如果用埃利希的话来说，超法学（auβerrechtlich）现象] 的若干不同规则。这些规则是多种多样的，例如情感语调、规范性规定的社会相对分量、其应用的频繁度、意识形态角色等。⑤ 最后，法律和其他社会调整机制的真正分界线是"一个社会力量的问题"⑥。显然，对凯尔森来说，这个做法只能是"令人疑惑的"⑦，凯尔森致力于从根本上区分理论与实践。但是从另一个角度看，这种"疑惑"能够成为一个优点，它允许我们摆脱抽象方案的简单性（将法律现实划分得条条块块和范畴分明，仿佛它是一件可感知的事物）。如埃利希所强调

---

① Eugen Ehrlich, *Fundamental Principles of Sociology of Law*, 1936, 84ff.

② Cf. Hertogh M. *A 'European' Conception of Legal Consciousness: Rediscovering Eugen Ehrlich*, 4 Journal of Law and Society, 474 – 475（2004）.

③ 因此，"法律科学的任务是展现一个共同体的法律，也即由法律当局在立法程序中创造的、以陈述为形式的材料"。Hans Kelsen, *General Theory of Law and State*, 1961, p. 45.

④ Georges Gurvitch, *Sociology of Law*, 1947, p. 5.

⑤ Eugen Ehrlich, *Fundamental Principles of Sociology of Law*, 1936, 165ff.

⑥ Eugen Ehrlich, *Fundamental Principles of Sociology of Law*, 1936, p. 170.

⑦ Hans Kelsen, *Eine Grundlegung der Rechtssoziologie*, in Hans Kelsen, Eugen Ehrlich, Rechtssoziologie und Rechtswissenschaft. Eine Kontroverse (1915 – 1917), Manfred Rehbinder ed., 2003, p. 32.

的，法律不是个易于研究的事物——它是在社会行为，甚至在科学研究本身当中被建构的。在埃利希对法律的分析中，这些"后现代的"注解发挥着关键作用；批评他的理论缺乏严格的区分和范畴化也是没有意义的，因为他的目标从来就不在于此。因此，凡·克林克（Van Klink）断言，活法的宏伟蓝图是失败的，因为它不可能在法律和权力、正义、以及国家法之间作出区分。就此而言，活法的最好归宿是成为"纯粹的国家法之补充"和"国家官员的灵感来源"①。这位荷兰研究者对凯尔森的批评进行了颇值怀疑的延续，他不仅提到纯粹性作为规范进路的理论价值，而且提到它的实践效用（在法律实践中更易于被适用）。他的想法是，如果国家官员对法律是什么有一个清晰的理解（一套以国家制裁为支撑的规范），并将某些关于法律的社会本质的反思添加进这种理解当中，那么这些国家官员应当更能感觉良好。这个出人意料的结论是自欺欺人的，因为它把我们带回了19世纪的方法论，而对20世纪法律社会学的发展充耳不闻。

沿着他们的论辩，理论家们无法逃避关于法学所要研究的现实之性质的讨论：它是由同形异义的元素组成的，还是说它是多元的、能够结合异形同义的元素的。凯尔森并没有否定法律秩序及其内容的内在多元性，但是在这些秩序的哪个方面归属法律科学研究的问题上，他不同意埃利希的看法。对凯尔森来说，法律只有一个"实证的"面向（它的规范结构），而没有其他面向。因此他对法律体系之特殊性的研究毫无兴趣，而是选择"从整个法律秩序的角度来思考"②。作为科学研究之对象的法律，在普天之下都是一样的，即一个通过权威制定的规范来调整个人行为的法律共同体（Rechtsgemeinschaft），社会的最高规范权力也归属于它。在凯尔森看来，这个共同体等同于国家，并且就此来说，每个法律秩序都是国家法律秩序③，它主要存在于法律人的意识当中。

因此，法律的规范分析将国家拟制为法律秩序的人格化④。按照凯尔森的说法，法律科学的任何扩张都是不可被接受的，否则将威胁到法律的自主性，即法律应当完全隔绝于真实的政策制定以及关于相对立的社会力量的平衡。任何关于法律的社会基础的深刻洞见，都将引发关于法律的实效性、正当性、对特定社会环境的充分性的辩论，这些辩论不可避免地涉及从价值有涉的个人立

① Bart van Klink, *Facts and Norms. The Unfinished Debate between Eugen Ehrlich and Hans Kelsen*, in Marc Hertogh ed., Living Law: Reconsidering Eugen Ehrlich, 2009, p. 30 – 31.

② Hans Kelsen, *The Pure Theory of Law*, 1967, p. 165.

③ Hans Kelsen, *The Pure Theory of Law*, 1967, 32ff.

④ Hans Kelsen, *General Theory of Law and State*, 1961, p. 191 – 192.

场来看待法律的批判性评价。这些个人评价超脱法学的限定范围，法学必须将法律理解为不触及法律的真正功能的公理体系。凯尔森明确主张，国家是"一个完全超越个人的权威"，因此实在法或者法律秩序独立地存在于个人意志之外，"超脱于他们的感觉"（甚至对立法者而言也是如此）①。出于这个原因，法律是完全异形同义的和客观的，尽管凯尔森承认，这种客观性不过是一种"客观化"或一种意义的投射。

这个立场与埃利希内心深处的信条相对立，埃利希相信，通往法律知识的唯一路径在于对特定法律体系所在的社会现实的探究②。如果不存在法律所指涉的机构，法律不可能优先于国家和社会，也不可能出现和成形。在这方面，凯尔森的法律理论成为一种没有活力的抽象，它忽略了一点，即具体必然优先于抽象。无论是谁被假定为秩序的创造者——神、国家或者法律人共同体，都不可能存在统治人们互动行为的、理想的超时空秩序③。对法官法（Juristen-recht）之中的裁判规范的研究，提供了观察法律的重要工具。这些规范掌控的只是法律现实的一小部分，这些法律现实受到持续不断的法律纠纷的支配，因此需要一套由国家的法律人来创制的规范，从而能够更轻便地、更快速地解决纠纷。所有其他的法律现实都游离在（由国家或法律人）固定的规则之外，它们由通过独立的法律互动来创造的法律事实组成。

鉴于观念上如此深刻的分歧，两位理论家都不可能回避在这个论题上的交锋。凯尔森坚持法律对任何实践考量（包括主流的政治意识形态和道德意见）的排他性，因此他不可能接受埃利希的"法律的实践概念"④。埃利希则辩护一种包容性命题，并与凯尔森的进路作斗争，后者的进路明显与法律的现实相矛盾，法律的现实总是渗透了政治和道德，我们几乎不可能想象法律逃逸出这种内在联系。只要一条法律规范被假定为对一个社会团体的成员是有拘束力的，并在这个团体中获得了普遍的遵守，那么它就是有效的。一条已经不被适

---

① 凯尔森的"Hauptprobleme der Staatsrechtslehre entwickelt aus der Lehre vom Rechtssatze"（1911）的第一章表达了这个立场。在后来的作品中，凯尔森不可能改变这个立场（除了他关于基础规范的从预设性到纯粹拟制的观念转变）。

② 对埃利希来说，法律知识的来源是"第一，现代的法律文件；第二，对生活、商业、习惯和常规做法、所有联合体的直接观察"，包括对那些被官方法律忽略的事物的直接观察。Eugen Ehrlich, *Fundamental Principles of Sociology of Law*, 1936, p. 493.

③ 典型的是，凯尔森毫不犹豫地在他的理论中将神和国家相提并论，二者都是无所不能的，并通过自我限制的行为来进行创作。Hans Kelsen, *Der Soziologische und der juristische Staatsbegriff. Kritische Undersuchung des Verhältnisses von Staat und Recht*, 2nd ed., 1928, p. 221 – 227. 尤其是在第 249 页中，他直白地断言道，国家和法律的关系，就好像在神学中神和自然的关系。

④ 这个概念的详细说明参见：Eugen Ehrlich, *Die juristische Logik*, 1918, p. 2。

用的规范，不过是"法律"这个术语不能被用来指涉的一纸空文。对凯尔森来说，法律效力和实效之间的这种循环是毫无意义的，他相信法律规范的引入，正是为了调整与这些规范相反的行为①。

凯尔森担心，法律秩序内的任何规范冲突都可能毁坏应然指令的权威性，从而可能将其转化为依赖于特定价值偏好的附条件的建议②。这种威胁看起来是如此骇人听闻，以至于凯尔森在每个可能的层面都与法律的多元化作斗争——且不说埃利希的法律之社会根源的观念，凯尔森还反对人们将法律划分为公法和私法、国内法和国际法的普遍共识。即使是追溯法律和国家之间的区别的想法，也被凯尔森排除在外，因为它挑战了法律的规范性。与此相反，对埃利希来说，法律和法律现实几乎就是同义词，法律现实的本质是多元的，因为它由多种多样的（协会的、社群的、家庭的、公司的……）私法律秩序组成。此外，法律不仅仅是国家掌控的、调整社会互动的工具，埃利希认为法律是社会互动本身的一个方面。这种互动的法律形式使社会联合体能够自主地管理自身事务，并设置了冲突情形中的一般参考框架。

二、结语

显然，人们可以继续列举这场论争背后的其他内在原因和动机。但是，正如每一场成果丰硕的科学论争一样，其中不仅有分歧和相互指责，一些重要的想法也被提了出来，这些想法被证明能够丰富两个相对立的（社会学的和规范的）法学进路的未来发展。我们不应当过分强调双方立场的分歧，在论辩的某些方面，凯尔森和埃利希尽管使用了不同的术语，但他们看起来却采取了几乎相同的理论前提。两位作者都倾向于承认法律的自我调整，对凯尔森来说，这是通过基础规范和特定法律体系的其他规范之间的效力循环来形成的。无论是凯尔森还是埃利希，都并没有承认法律规定能够为每一个可能的司法案件提供解决方案。埃利希从活法所运作的底层构建出法律秩序。活法部分地被巩固在法官法当中，法官法又被固化到国家颁布的法律规定当中。凯尔森没有

---

① 尽管凯尔森不能忽视真正运作的规范和"纸上的法律"之间的区别，他提出当大部分人拒绝遵守一条规范时，这条规范就丧失了效力。Hans Kelsen, *The Pure Theory of Law*, 1967, 111ff. 但是按照这个说法，效力和实效又变成了相互交织的、相互依赖的观念。

② 正是在这个方面，凯尔森提出要厘清以下两者的边界线，一个是不受任何评价影响的规范法律科学，另一个是与评价相关的规范实践研究。Hans Kelsen, *The Pure Theory of Law*, 1967, p.86.

把法律秩序设想为一个无缝隙的体系①，并提出它是一套相互平衡的阶层制度。为了填补漏洞，他引入了一条特殊的规则——当不存在可适用于案件的适切规范，法律秩序可以作为整体而被适用②。在埃利希对凯尔森评论的回应中，埃利希无情地抨击了这个观点，但是这里的辩论终止于双方相互地指责对方的术语错误。然而，凯尔森和埃利希都试图表达相同的想法——法律秩序可以自我再生产和自我调整。因此双方的激烈争论所触及的，更多在于如何选择正确的术语，而不在于问题的本质。

同时值得一提的是，两位思想家都没有暗示要拒绝对法律和社会采取演绎的方法，双方立场之间的真正区别并不像表面看起来的那样大。无论是埃利希还是凯尔森，都按照规范结构来设想法律的效力基础。使这两位哲学家分道扬镳的关键，是关于这些结构性质的问题。埃利希将法律的规范秩序奠基在特定的社会结构之上，凯尔森则引出了一个由一条基础规范来支撑的理想预设结构，基础规范不存在于现实当中，而是被认为构成法律效力的逻辑条件。这个建构的失败之处在于，它没有清楚地揭示出这个结构的的起源与功能，因此只具备相当有限的启发价值。除此以外，无须求助于任何基础规范或第一部宪法，我们也可以设想和说明法律秩序的存在。基础规范和第一部宪法没有给出任何线索，来说明法律的基础规范如何可能区别于其他社会规范，即那些为某些社会团体所相信是与国家秩序相竞争的其他秩序之基础的社会规范（例如，所谓的匪帮法律，其主要规范是尊重犯罪集团和服从匪帮首领，为什么它不是真正的法律）。基础规范的拟制只是简单地督促人们去遵守第一部宪法和法律秩序整体，而不提供任何探索法律的调整机制的线索。

从凯尔森所做的智识重构中，我们只能理解到，为什么人们可以或可能或应当认为一个法律秩序是有约束力的，而不是为什么一个特定的法律秩序是有约束力的。就此而言，法律等同于国家，国家也不过是一个作为理论解释工具的、在现实中没有事实支撑的精神实体③。这个策略的目的不是充分地描述现实，而只是给强制以权威。人们可以期待，埃利希以其现实主义的雄心，将会更多地关注实际的法律结构，并将它当作进一步研究的框架。但是即使受到现

---

① 确实，就每个行为在道义上都是被限定的来说，法律秩序在逻辑上是封闭的。Cf. von Wright G. H. *An Essay in Deontic Logic and the General Threory of Action*, 21 Acta Philosophica Fennica 83 (1968)．但是在现实中，总是存在某些应当通过立法或者法律解释来填补的漏洞。Cf. Hans Kelsen, *The Pure Theory of Law*, 1967, p. 70–71. 或者用凯尔森本人的话来说："法律秩序的阶层学说将法律理解为建议（motion），理解为永远地自我更替的程序。"Hans Kelsen, *The Pure Theory of Law*, 1967, p. 279.

② 这个观点的展开参见：Hans Kelsen, *The Pure Theory of Law*, 1967, 106ff。

③ Hans Kelsen, *Der Staat als Integration*, 1930, p. 25.

实主义的鼓舞，埃利希仍然受制于他所从事的工作中变得明显的法教义学。埃利希从田野调查和历史调查中获得了某些事实材料，他的目标不是如其所是地分析它们，而是试图普遍化这些发现，用它们来填充一个已经被预想好的框架，这些发现需要被适当地摆放到框架里，从而证明这个框架的真实和准确。

由于引入了经验事实，这种方法丰富了法学，但是它没有像埃利希所意愿的那样在根本上改变法学的方法论。一直以来，凯尔森和埃利希错误地相互指责对方的反科学主义——他们两人都依循了他们所处时代的主流法学。埃利希以一种近似于凯尔森的方式来塑造和发展他的想法——他在他的发现中调查"一般的"① 事物，并揭示（更好的说法是"证实"）为法律交流提供基础的必要确信。在此，埃利希也在他的思维中作出了一次心灵跳跃，否则它将只引导他从经验事实走向一般化②。在其 1913 年的著作（从第一页开始）中，后者就被直白地或隐晦地提了出来，因此埃利希没有运用事实来对法律作归纳研究，而只是将这些事实摆放出来，从而支持他通过历史调查和比较研究预先构建的观念。我们在第一页就已经发现了"重心"，埃利希进一步的工作是支持（如果不是证明）这个最初的命题。就此来说，埃利希和凯尔森都忠实于他们所处时代的概念和方法，分享着思维的传统标准。他们意识到，推理和结论之间链条的搭建是无穷无尽的，唯一的出路是建立关于法律的科学讨论的先决法则。因此，无论是无所不在的社会活法，还是超然物外的拟制基础规范，都不过是关于法律的性质、内容、结构、起源、效力和其他主要法学议题的深层讨论的终结点。

于是，法律的规范性解读和社会学解读之间的争议并不绝对。纯粹法理论不能在逻辑上停留于纯粹性，它极其需要通过某些形而上学的观念前提或者通过承认法律内容的事实性，从而与现实联系起来③。另外，法律的社会学视角

---

① "整个社会法（das ganze gesellschaftliche Recht）"，参见 Cf. Eugen Ehrlich, *Die juristische Logik*, 1918, p. 193。

② 凯尔森将如下这种心灵跳跃描述为一种思维方式：通过"将意志的集合假定为真实的、有意志的和有力量的存在"，法律和国家被当作一个整体。Hans Kelsen, *Der Soziologische und der juristische Staatsbegriff. Kritische Undersuchung des Verhältnisses von Staat und Recht*, 2nd ed., 1928, p. 127.

③ Alf Ross, *Validity and the Conflict between Legal Positivism and Natural Law*, 4 Revista Juridica de Buenos Aires (1961); Ota Weinberger, *Normentheorie als Grundlage der Jurisprudenz und der Ethik. Ein Auseinandersetzung mit Hans Kelsen*, 1981; Eugenio Bulygin, *An Antinomy in Kelsen's Pure Theory of Law*, 3 Ratio Juris (1990); Deryck Beyleveld, *From the "Middle – Way" to Normative Irrationalism: Hans Kelsen's General Theory of Norms*, 56 Modern Law Review (1988); Carlos S. Nino, *Some Confusions surrounding Kelsen's Concept of Validity* (1998), in S. Paulson, D. Litschewski ed., Normativity and Norms. Critical Perspectives on Kelsenian Themes, p. 253 – 261.

不能逃避接受法律的规范维度①，因此它不得不遵循汉斯·凯尔森及其后来人（如赫伯特·哈特或约瑟夫·拉兹）所确立的分析规则。凯尔森在他的《纯粹法学说》（第二版）（1961）中，不得不调整法律与社会现实之间的关系；在哈特和拉兹的作品中，分析法学最终失去了在规范性封闭意义上的纯粹性，变得与法律之事实的社会——法学分析纠缠不清。当然，通过法哲学经年累月的演变，凯尔森和埃利希所宣称的观点似乎已经稍显幼稚与夸张。但是，这两位奥地利法律思想家之间的辩论所展示的两种对立立场的矛盾，仍然在方法论上具有相当大的重要性，因为它显示出两种立场的理论极端版本是怎么样的，以及当严格地遵守其中一个极端版本时又将面临什么样的方法论困境。

（责任编辑　庞　蕾）

---

① Mark Hertogh, *A 'European' Conception of Legal Consciousness: Rediscovering Eugen Ehrlich*, 4 Journal of Law and Society (2004).

三、法学专论

论民国时期女子争取刑法平等运动

郑全红　　王昊哲*

摘　要：民国时期男女平等理念得到广泛传播，传统的性观念也开始发生巨大变化，中国近代女子开始了争取刑法平等运动。1935 年《中华民国刑法》对几千年来传统律法关于通奸罪的法律规定进行了根本性修改，男女在通奸罪中的刑罚处罚在法律上开始走向平等。当然基于传统习俗的根深蒂固，这种对男女的平等处罚在司法实践和社会规范上并没有得到真正的贯彻执行，实际生活中女子对于男子的起诉是受到很大限制的，这也反映了近代社会转型中规约社会生活关系行为的法制转型是相当艰难曲折的。

关键词：民国时期　刑法平等　通奸罪　争取刑法平等运动　女权运动

中国传统法律"一准乎礼"，带有浓厚的道德色彩。很多维护社会秩序的道德规范在"出礼入刑"思想的指导下，其行为也受刑法规范。具有"诸法合体，民刑不分，以刑为主"特点的传统伦理法，对通奸的行为如何规范？中国历史上的通奸罪处罚具有情轻罚重的重刑色彩、女性受罚重于男性的性别压迫性和身份差别的不平等性等特点。关于女性在通奸罪中所受到的处罚问题，美国汉学家苏成捷（Matthew H. Sommer）所著的《清代中国的一妻多夫婚姻与卖妻行为：生存策略与司法介入》（*Polyandry and Wife - Selling in Qing Dynasty China：Survival Strategies and Judicial Interventions*）和《中华帝国晚期的性、法律与社会》两部著作均论及女性在通奸罪中的处罚问题，并对清代晚期对于通奸罪处罚中女性重于男性的问题作出相关论证。这种女性在刑法上

---

* 郑全红，天津商业大学法学院教授、硕士生导师；王昊哲，天津商业大学法学院 2021 级硕士研究生。

被不平等对待的状况一直长久持续，直到民国初期依旧未得到改观。这种状况引起了学人的关注。民国时期关于通奸问题的论文主题较集中探讨的是当时通奸罪存废与变革问题。如马鸣銮的《对于刑法和奸罪及刑诉法第 25 条之商榷》、郁嶷的《夫妻贞操义务与和奸罪》、谢光第的《夫之通奸》和《夫之通奸与离婚》等论文，以及《法律评论》等专业期刊中发表的关于通奸问题的系列论文，这些研究包含了当时立法与司法实践对于女子刑法平等问题的学理思考和现实困境。当代学者黄源盛教授的《西法东渐中无夫奸存废之争》对传统伦理在不同类型通奸处罚中的地位以及通奸罪的存废问题进行了深入的探讨。钱泳宏、郭松义、颜丽媛、贾丽英、彭炳金等学者也撰文对此问题进行了论述。① 但这些论述基本聚焦于中国古代各时期。与前述文献不同，本文聚焦于民国时期由通奸男女不平等处罚引发的女子争取刑法平等运动，该运动是中国妇女运动的重要组成部分，也是中国法律近代化的缩影。在传统社会，法律对妇女有很多歧视性的规定，甚至在民国成立之初，这种状况都未得到改观。民国元年之《中华民国临时约法》第 5 条规定：“中华民国人民一律平等，无种族、阶级、宗教之区别。” 比较列国宪法关于人民权利之皆承认无 “性别” 之分，不同。② 民国各时期刑法的颁布最终使女子在法律上获得了与男子平等的法律地位。尽管在当时由于传统习俗的根深蒂固，在实际家庭生活中很少有女子起诉她的丈夫，但从社会变革的角度来看，民国时期的法律规定对通奸男女从不平等处罚到平等处罚的这种巨变，无论是对于妇女权益的保障还是对于推动妇女解放运动来说都具重要意义。

一、民国时期女子争取刑法平等运动的兴起

综览各国立法例，关于通奸罪的处理，共有以下三种做法：

---

① 钱泳宏在《防控与失控：清代重惩奸罪与 “因奸杀夫”》一文中通过对清代刑科档案的系统梳理而发现妻有奸情是清代妻犯夫乃至杀夫的最主要原因。郭松义在《清代 403 宗民刑案例中的私通行为考察》中通过案例分析，认为尽管清代对奸罪有严刑峻法但是男女私通却是社会上经常可见的现象。颜丽媛在《对清代因与人通奸后杀死本夫案中妻子的量刑例外的考察》中通过分析清代刑科题本和民初判例认为，在清代延至民初的司法实践案例表明在因奸杀夫这类案件中也会考虑具体情状对妻子给予减刑。对于清代之前的通奸罪研究，贾丽英的《秦汉时期奸罪论考》一文对秦汉时期 81 个事例和案例进行了考察和分类；孙闻博的《秦汉简牍中所见特殊类型奸罪研究》一文讨论了同产相奸和良贱相奸等特殊类型的通奸罪；李桂民的《晚周秦汉史书 “书奸” 论辨》一文专门探讨了晚周秦汉时期人妻与人和奸及其隐蔽性问题；彭炳金的《论元代对〈唐律〉奸罪立法的继承与发展》一文对于《唐律》中奸罪的历史沿革与元代的继承与发展进行了论述。

② 刘宁元主编：《中国女性史类编》，北京师范大学出版社 1999 年版，第 174 页。

第一种做法是对通奸男女不平等处罚，具体分为两种情况：其一，将丈夫通奸与妻之通奸的处罚条件，予以差别规定，即实行夫妇不平等处罚；其二，尊重夫权的社会出于维护血统纯正需要仅处罚妻，即仅处罚有夫之妇及相奸人。至于有妇之夫与人通奸，如相奸人非有夫之妇，无紊乱血统之忧，故不处罚。

第二种做法是对通奸男女平等处罚，即国家刑法对于通奸罪之处罚，采取男女平等原则，对于违反配偶之贞操义务者，无论发生在夫或妻任何一方，均应加以处罚。

第三种做法是对通奸男女平等不处罚，即国家不以刑法干涉通奸行为。

奸罪在我国原始社会末期就已经产生了。"男女不以义交者，其刑宫，女子幽其闭，男子去其势"，这是迄今为止最早关于通奸罪的说法，见于《尚书》。魏国李悝撰《法经》中规定了杂律一篇，内有"夫有二妻则诛，妻有外夫则宫，曰淫禁。"秦朝是我国专制主义中央集权的第一个封建王朝，关于通奸罪，规定"有子而嫁，倍死内外，禁止淫佚，男女絜诚，夫为寄豭，杀之无罪……"（《史记·始皇本纪》）也就是妻对于夫的犯奸，可以将夫当成猪那样对待，杀死奸夫而不需承担刑事责任。秦代对"私通"定以极刑，且可"人人得以诛之"，格杀勿论。可以不告而杀，私刑也合法。[①] 汉承秦制，犯奸必杀。汉朝对奸罪规定得更为细致。依据北魏的刑法记载，魏晋时期，法律对于通奸罪的处罚也很严厉。唐律是整个中华法系的代表，《唐律疏议》中对奸罪的立法主要集中在杂律篇，从中可以看出唐代对于奸罪的立法趋于成熟。宋代奸罪立法沿袭唐代，清朝的法律沿袭明朝和元朝的法律。总之，传统中国从秦汉到隋唐再到明清，对于奸罪的处理，除秦朝采取平等原则外，其余朝代均采取不平等处罚原则，即采取的是上述第一种做法的第二种情况，对男女通奸者采取不平等处罚。这种情况一直持续到清末民国时期。清末民国以后，由于维系几千年来自给自足的自然经济开始解体，由于西方现代民主思想文化的侵入和传播，同时也由于轰轰烈烈的民族民主革命的燃起和王权专制统治的崩溃，近代中国社会生活环境发生了急速变化，促使近代通奸罪开始朝除罪化方向发生巨大变动。当时女子因通奸自杀而奸夫男子无罪的朱淑德"之死"事件成为民国时期女子争取刑法平等运动的导火线。

王维钧与刘荷生系夫妻，刘荷生曾任安徽淮西中学教员。已死之朱淑德系其学生。民国十八年八月间朱淑德因刘荷生介绍，在山东济南小学充任教员。

---

① 董家尊：《从汉到宋寡妇再嫁习俗考》，载鲍家麟编著：《中国妇女史论集》，稻香出版社1992年版。

旋在王维钧家寄居，因是与王维钧有染。朱淑德既与王维钧发生关系，终以王维钧与刘荷生夫妻关系之存在，顿悟前非，遂萌自杀之念。民国二十年七月二十七日下午五时，朱淑德取出王维钧自置之勃朗宁手枪一支，在西屋内自击头部身死。①

　　此案江宁地方法院以朱淑德之死系自杀判决王维钧无罪。但朱淑德的死，在社会上引起强大反响。舆论普遍认为王维钧以有妇之夫的身份与朱淑德通奸而致其自杀，虽然无须承担刑责，但在道德上对于朱淑德的死不能不负相应责任。甚至有人大声疾呼，刑法应当另加处罚有妇之夫与人通奸及诈欺诱奸之条。②"五四"运动前，传统中国对于通奸罪，是单科刑于女子的。因为有夫之妇与人通奸，容易导致血统混淆，足以扰乱宗族纯正，因此要严加惩处。而有妇之夫纵使生活放荡，如相奸者并非有夫之妇，即无紊乱血统之忧，所以刑法通常认为无处罚必要。这是赤裸裸的刑法不平等。妇女解放，要先行争取刑法平等。这场持续的争论成为中国传统通奸罪在近代发生嬗变的导火索，朱淑德之死，成为女子争取刑法平等运动的导火索，中国近代女子开始有组织有规模地争取刑法平等的运动成为民国时期女权运动的重要组成部分。

二、民国时期争取刑法平等运动的社会思潮

　　中国传统法律以礼为理论基础，礼法合一的封建立法宗旨使得封建礼教所宣扬的"男尊女卑"思想在封建法典中得到充分体现。封建礼教大肆宣扬"男尊女卑"，《周易·系辞》载：乾为天，是阳物，乾道成男；坤为地，是阴物，坤道成女；天尊地卑，所以男性地位高贵，女性地位卑贱。自西汉董仲舒"罢黜百家，独尊儒术"以后，儒家"男尊女卑"的思想进一步得到强化。中国封建统治者历来主张德主刑辅，礼法并用。从汉武帝独尊儒术以来，儒家经典通过"引经决狱"逐渐法典化，成为定罪量刑的依据。封建法典也越来越儒家化，以封建礼教作为思想基础所制定的封建法律处处渗透着"男尊女卑"的封建思想，致使传统中国通奸罪的打击对象以女性为主并产生差等刑罚的结果。传统中国有夫之妇与人通奸被认为侵害了夫权，无夫妇女与人通奸，被认为侵犯了父母名誉，而未婚或无妇之夫宿娼，父母却不以为耻，同是违反人性道德，父母名誉有无损害却不相同。

　　这种男女不平等的状况，遭到了进步思想家的猛烈抨击。明末清初之际，

---

① 平平：《刑法与国民感情——对于朱淑德案之感想》，载《法律评论》1932 年第 449 期。
② 吴锡章：《刑法与国民感情矛盾问题之我见》，载《法律评论》1932 年第 471 期。

以黄宗羲、顾炎武、王夫之等为代表的一批启蒙思想家最早提出了男女平等思想。以郑观应、陈虬、康有为、梁启超、谭嗣同等为代表的近代资产阶级改良派也提出了男女平等思想。进入 20 世纪，西方资产阶级女权学说传入中国。部分具有资产阶级革命思想的人士，开始思考男女如何平权、妇女应有哪些权利时，才首次触及妇女的法律地位。《新青年》发表有关贞操问题之讨论文章，主张新的贞操观。"五四"运动的发生，使得《新青年》所倡导的新思想借政治运动的形势传遍国内。新的贞操观在社会上的传播，使得妇女们对于无夫和奸、通奸等行为的否定性评价度大为降低，对于性与婚姻的态度，也由顺从逐渐转向主动追求自由。"五四"运动以后，婚姻自由的观念在智识阶级里似乎已经普遍化了，对爱情、对自由婚姻的追求，势必引起她们对传统性观念的疑问：自由恋爱期间同居，应当属于个人自由，国家不是不应当干涉吗？再者，无夫奸为罪，那么无妻奸就不为罪吗？和奸有夫之妇为罪，和奸有妇之夫就不为罪吗？而正是这些起源于人人平等思想的疑问，为民国时期女子争取刑法平等运动提供了思想指引。

三、民国时期争取通奸除罪化的社会运动

清末民国时期社会发生了巨大的变化，男女平等理念传播，性观念发生转变、恋爱自由、社交公开，妇女要实现解放，而妇女的解放必须以法律地位平等为基础，中国近代女子由此开始展开争取刑法平等运动，而通奸罪男女平等处罚是妇女争取法律平等的重要途径之一。因而民国时期争取通奸罪男女平等处罚就成为女权运动者努力斗争的一个重要目标。通奸除罪是女权运动者努力的目标之一。因为妇女的解放必须以法律上的地位平等为前提，通奸的处罚从男女不平等处罚到男女平等处罚，再到男女平等不处罚的过程不是一蹴而就的，需要妇女团体不断发动社会运动积极抗争，努力争取。民国时期许多妇女团体，主张男子不置婢妾，纳妾被视为重婚有罪，她们是争取通奸男女平等不处罚的急先锋。

在传统社会，妇女是没有什么法律地位可言的，作为男性的私物，妇女依附于男子，为男子所支配，法律规定并维系着这种附属性。但是，当传统社会向近代社会过渡时，情况便发生了变化，机械工业破坏并摧毁了手工业，妇女开始走出家庭，走向工场，逐渐获得了与男子同等的经济地位，而经济上的独立，自然地改变了妇女的附属地位，妇女开始要求和男子同等的权利，她们参

与各种活动，发挥着自身的力量，影响并改变着社会。[①] 中国虽落后于资本主义国家，妇女争取经济独立之程度尚远，但受西方影响，妇女运动亦澎湃汹涌，空前未有。辛亥革命成功后，1912 年当南京临时参议院制定约法时，便有女子参政同盟会的唐群英等二十人上书请愿，要求于约法上规定无论男女一律平等的条文。民国元年（1912 年）公布的《中华民国临时约法》虽然在第 5 条规定了"中华民国人民一律平等，无种族、阶级、宗教之区别"，却没有明确的"男女平等"字样。这与其他国家宪法皆承认人民权利无性别之分的规定不同，可见民国法律歧视女性的状况并未改观。于是，她们大怒，纠集同志，闯入参议院。捣毁玻璃门窗，踢倒警卫兵士后，经孙总理调停，允许向参议院提议增修，才算平静下去。女权运动在革命时兴起，这是因为革命的目的就是推翻封建专制，实现自由解放、人人平等。但袁世凯成为大总统后，积极复辟，再行专制。1914 年 12 月 24 日颁布《暂行新刑律补充条例》，承认妾的地位，惩罚无夫奸，女权运动也在他的高压政策之下消声。1919 年"五四"运动后，女权运动重见曙光。此后，各种女权运动组织纷纷成立，发表宣言，批判丈夫可以妻妾成群，但妻子不能与其他异性发生关系以履行对丈夫的忠贞义务这种不平等的社会现象，积极鼓励广大女子争取与男子的平等权利。[②] 社会改良会推进不置婢妾。民国时期，传统的妾制受到了社会舆论界的广泛谴责，尤其是妇女团体反对纳妾的运动可谓是贯穿了整个民国时期。民国初期，以孙中山为大总统的中华民国临时政府为了改良传统社会所遗留下来的种种陋习，公布了一系列有关社会改革的法令，以倡导进步风俗习惯，振奋民族精神。在 1912 年 2 月，蔡元培、宋教仁、唐绍仪等人在商议组织"社会改良会"时，提出了"以人道主义去君权之专制，以科学知识去神权之迷信"的社会改良方针。不久，在公布《社会改良会章程》时附有 36 条社会改革主张，其第 2 条、第 5 条即分别为"不置婢妾""实行男女平等"。成立于 1921 年的"湖南长沙女界联合会"以争取人权平等为宗旨。1922 年成立于北京的"女权参政协进会"宣言"打破专以男嗣为限的袭产权、以求经济独立"。同年成立的"女权运动同盟会"提出"私法上夫妻关系、亲子关系、承继权、财产权、行为权等一切以男女平等的原则，大加修正"的主张。此外"湖北女权运动同盟会""中华女界联合会"等团体也要求男女平等，主张通奸不能仅科刑女子。对于妇女团体的这些合理主张，国民党要建立并巩固自己的政权，引导并促进社会的发展，便不能不重视。但关于通奸罪的主体不再是妻子

---

① 诸华军：《通奸罪与民国社会》，四川大学 2007 年硕士学位论文。

② 参见李相森：《近代民事立法中的男女平等》，载《妇女研究论丛》2010 年第 3 期。

的意见也曾遭立法院否决，如果没有妇女团体的争取，对于通奸的处罚不会从男女不平等处罚转为男女平等处罚。

1931 年 5 月，国民政府召集国民会议，南京市妇女团体南京市妇女代表会为此召集全国妇女团体代表联席会议，成立提案委员会，将修改民法、刑法中男女不平等条文的提案上呈立法院。主张修改刑法第 256 条，将有夫之妇改成有夫之妇或有妇之夫。1933 年春，立法院成立刑法委员会，作修改之议，即有妇女表示："我妇女所希望于刑法的，正如我们所希望于别的法令一般，我们不想享特殊的权利，同时，我们也不愿负担特殊的义务。尚望立法者抛弃成见，摆脱感情作用，让人类利益占据了男性利益的位置，完成男女平等的刑法。"妇女共鸣社负责人、中央妇女科科长刘荷静等集议拜访刑委会委员长焦易堂并陈述意见。1932—1933 年，妇女共鸣社、妇女救济会、妇女文化促进会先后向立法院递交了呈文和意见书，提出：第一，对重婚者加重刑罚；第二，将有夫之妇与人通奸者处二年以下有期徒刑中的有夫之妇改为有配偶；第三，增设纳妾罪。妇女共鸣社之呈文谓：窃国家立法本以平衡人事昭示大公为原则，况我国民政府秉先总理不分性别男女平等之精神以立，查民国十七年颁布之中华民国刑法，其中对于性别不平等之点至多。数年以来，女界时引为憾，屡欲提议修改。今幸贵院已从事修订此项刑法，料能侧重于是，为之一变，是以国民政府同意后，重定之民刑法重男子片面利益之处加以删除或修正，本社同人为格外慎重起见，敬谨缮具修改刑法之意见书一份，条陈应行修改各点，以供采择，而利施行，务乞秉承总理遗规，将所有不平等条文均予废止或修正，实为公便，本社幸甚！女界幸甚！[①]

针对女界呼声，1934 年刑法修订通奸行为仅负民事责任。1934 年冬，刑法委员会将原第 256 条改为"有配偶而与人通奸者，处二年以下有期徒刑。其相奸者亦同"，并在修正案内新排为第 239 条。10 月 26 日立法院讨论这一条时，产生了激烈的辩论，结果是取消了通奸罪的相关规定，即通奸行为仅负民事责任，而不纳入刑法的规制范畴。因为该次讨论的结果是取消了单方面针对妻子的通奸罪名，妇女团体亦表示赞成。通奸从不平等处罚到平等处罚再到平等不处罚，完成了除罪化的历史嬗变。这无疑具有重要的历史意义。

支持通奸行为仅针对"有夫之妇"者认为，"根据历代传统之人情道德，风俗习惯，以为唯夫始为婚姻家庭之主体，妻则仅为夫之附庸。"因此，有夫之妇与人通奸，足以妨害婚姻及家庭安宁，而有妇之夫与人通奸则未必尽为破坏婚姻，为保守夫权的享有，故不得不制以法律，限以明文。1934 年 10 月 31

---

① 妇女共鸣社：《本社呈立法院文并修改意见书》，载《妇女共鸣》1932 年第 2 期。

日，立法院召开第 78 次会议，进行二读讨论修改时，该会议出席委员 69 人，经 40 余人赞成，决议通过，于是由"有配偶而与人通奸"又改为"有夫之妇与人通奸"。11 月 1 日，立法院开三读会，南京市妇女救济会以二读通过的第 239 条违背男女平等原则，具文并派代表呈请复议。主席以本案应否复议进行表决，在场委员 60 人，赞成者仅 12 人，因系少数而被否决，第 239 条并未因南京市妇女救济会的要求而复议。三读会时，全体出席委员一致无异议通过。1934 年 10 月 31 日立法院通过的刑法修正案，仍坚持原定有夫之妇字样，即对通奸罪，单科罪于有夫之妇。由此可见，民国时期中国法律的近代转型是十分曲折的，法律时而进步，时而又受时政影响退步，其曲折进程昭示近代社会变迁之艰难。此条法律一经公布，女界大哗。南京妇女界首先发难，发表宣言，宣言谓：夫妻双方互负贞操义务，与人通奸在法律上成立犯罪，有妇之夫与人通奸，在法律上同样成立犯罪，自为当然逻辑。男子究竟是男子，男子的不肯放弃特权，亦如帝国主义对于弱小民族不肯放弃既得权利。她们号召：南京市的姊妹们，全国的姊妹们，我们要抵死力争啊！这是性的方面平等的枢纽呢！①

11 月 5 日南京市妇女会、妇女文化促进会及妇女共鸣社借南京女中召开市妇女大会，到会五百余人，以刘蘅静为主席，组织首都各界妇女法律团体，名称定为首都各界妇女力争法律平等同盟会，通过大会发表宣言，其宣言谓：中国妇女经过若干年之艰苦奋斗，始获得中国国民党在政纲上确定男女平等之原则，方期一切正教得本此伟大原则日进于改良，跻民族于平等，致世界于大同，使总理平等博爱之精神，蔚然光大于后世，不图逝世未及十年，封建思想日渐抬头，旧礼教势力日形膨胀，妇女既得之平等自由，将见重被剥夺于今日。②

此次立法院修改刑法，最后通过的草案有"有夫之妇与人通奸者，处一年以下有期徒刑，其相奸亦同"的条文，因违背党纲政策，与训政时期约法抵触，妇女共鸣社呈清中央政治局会议核定合于男女平等之原则，交立法院复议，并通电全国妇女一致奋起。随后，其他妇女运动团体纷纷响应妇女共鸣社的号召。当时的南京妇女会、妇女文化促进会等广大妇女界认为该条不符合男女平等原则，建议应将其中的"有夫之妇"改为"有配偶者"。11 月 5 日，南京妇女会、妇女文化促进会、妇女共鸣社等广大妇女界借南京女中开会之机，决议通电反对，同时呈请中政会交立法院复议，并呈立法院院长孙科，请

---

① 峙山：《立法院修改刑法》，载《妇女共鸣》1934 年第 8 期。
② 妇女共鸣社：《首都各界妇女力争法律平等同盟会宣言》，载《妇女共鸣》1934 年第 11 期。

求予以纠正。同月 14 日，中政会召开第 433 次会议，会议决议："关于立法院通过之刑法第二三九条，应依男女平等原则，交立法院复议。"北平、上海、武汉、浙江、湖南、天津、开封等地妇女团体纷纷响应，或派代表赴京，汇同请愿，或召集会议，发表电文、函件声援，形成全国范围的大规模运动。在众怒难犯的情势下，国民党中央政治会议做出了交立法院复议的决定。同月 28 日，立法院刑法委员会与法制委员会举行联席会议，审查本案的结果是又将"有夫之妇与人通奸"改为"有配偶而与人通奸"。11 月 29 日，立法院终于通过了妇女界提出的改为"有配偶"的平等条文。该月 30 日，立法院召开全体大会，审查案通过，决定将"有夫之妇与人通奸"改回"有配偶而与人通奸"，只是将"二年以下徒刑"改为"一年以下"。最终，在南京国民政府第二部刑法典《中华民国刑法》（通称 1935 年"新刑法"）中，通奸罪的主体不再是妻子，该刑法第 239 条规定："有配偶而与人通奸者，处一年以下有期徒刑。其相奸者亦同。"该项规定，结束了延续多年的夫妻在婚外性行为上告诉权的不平等局面，打破了男性婚外性权利的垄断地位，动摇了父（夫）家长制地位，在女权解放史上，具有里程碑的意义。妇女界力争刑法平等运动以通奸罪单科刑女子的男女不平等处罚转为科刑双方的男女平等处罚。这场运动女界通过辩争、抗议、集会请愿、上书呈文的积极努力抗争，最终赢得了法律的平等，以胜利告终。

民国各时期刑法的颁布最终使女子在法律上获得了与男子平等的法律地位。尽管在当时由于传统习俗的根深蒂固，在实际家庭生活中很少有女子起诉她的丈夫，但从社会变革的角度来看，民国时期对通奸男女平等处罚的法律规定，将保护之法益由过去的"夫权"，转变为"婚姻与家庭之幸福安宁"，可谓是时代之一大进步。

四、民国时期女子刑法平等的法律规定与司法实践

民国时期女子争取刑法平等运动包括禁止男子纳妾、纳妾视为重婚、通奸罪男女平等处罚或男女平等不处罚几部分。但纵观民国这一时期，虽有男子不置婢妾的主张，但实际生活中男子纳妾是很普遍的。受原始天道观的影响，以及儒家思想、道家思想的影响，还有自然经济因素的影响，中国古代的婚姻制度从西周开始基本实行一夫一妻多妾制。上事父母，下继后嗣成为婚姻的重要目的，缔结婚姻的重要原则是父母之命，媒妁之言。由于男子对美色的刺激与追求，加之女子地位的极端低下，纳妾是社会上很普遍的事情。直到民国社会，依然盛行纳妾之风。但纳妾能否作为重婚，从而接受刑法制裁，民国时期

大理院认为，娶妾非正式婚姻，因而也不能算重婚。南京国民政府对于妾的问题，认为在法律上不容承认其存在，其地位以法典及单行法特别规定。可见，民国时期通奸罪从男女不平等处罚到男女平等处罚的转变是民国时期女子争取刑法平等运动最显著的成果。本文从无夫奸和有夫奸两方面考察民国时期通奸罪的近代嬗变。

（一）无夫奸的法律规定与司法实践

中国传统社会出礼入刑，礼法合一，法律"一准乎礼"，对于男女交往，均要合乎礼的规定，法律不容忍任何逾矩之事。因此，对于无夫女子的性行为，由于违背了传统礼教，破坏了家族名誉，传统法律从汉唐至明清，均采取绝对禁止的态度，一旦发生，严惩不贷。清末变法修律，无夫奸之存废，是"礼法之争"的重要内容之一，论战的结果无夫奸虽不入刑律正文，但在《暂行章程》中仍有规范。民初南京临时政府废弃了《暂行章程》，援用《清末刑律草案》，颁布《暂行新刑律》，关于通奸行为，仅处罚有夫奸，也就是说，有妇之夫与人通奸者，该奸妇与相奸之人，均须受到刑事处罚。但不处罚无夫奸。但袁世凯及其后的北洋政府又以礼教维系其统治，崇尚贞节，传统贞节观彰显，无夫奸遂增入了补充条例，此补充条例规范的是单纯无夫奸，即无夫妇女与人通奸时，即据此定罪量刑，无夫妇女包括未出嫁的女子、离婚的归宗女、丧夫的寡妇以及妾。由此，无夫奸死灰复燃。暂行新刑律既然是暂行，也就是说它是不得已而为之的权宜之计，而非长久之计，不能长久使用。因此，重新编撰刑法乃是当务之急。1914 年，大总统袁世凯明令章宗祥成立法律编查会，着手修订刑法，聘请冈田朝太郎参与协助修订暂行新刑律。新刑律修正八个月后，全篇告成，名为《修正刑法草案》。有关通奸罪的规定，分为有夫奸和无夫奸。关于有夫奸，《修正刑法草案》规定行为主体是犯奸的妇女，而相奸人是必要共犯，一并处罚。亦设有告诉乃论的决定，但未规定告诉权人。同时规定了未遂犯。关于无夫奸，相较于《大清新刑律》和《暂行新刑律》把无夫奸以附则规定的办法，《修正刑法草案》则干脆列入正文，对于未嫁女子犯奸、寡妇与人私通，或妾与他人通奸等，都处有期徒刑一日以上三月未满。关于无夫奸的规定从立法上是倒退的，但显然是因为社会现实被迫使然。

1918 年 7 月，北京段祺瑞政府设修订法律馆，修订法律馆特派董康、王宠惠为总裁，编成《刑法第二次修正案》，共 377 条，1919 年又加上一些文字上的修改，便为改定《刑法第二次修订案》，共 393 条。《刑法第二次修正案》先后历经两次修纂，但由于各种原因，终未成为正式刑法典。有关通奸罪依然列有无夫奸明文。但将无夫奸的规范对象限定为二十岁以下之女子。《刑法第二次修正案》在中国历史上并未颁行，而《暂行新刑律》自民初施行以来，存在颇多诟病。因此，制定新的刑法是国民政府首要任务。1928 年国民政府司法部部长王宠惠对《刑法第二次修正案》详加研究，认为大致妥善即略以增损，编成刑法草案。此草案经审查完毕后，提交国民党中央常务委员会与国民政府法制局审核，法制局对刑法草案做若干修正。即将草案发交司法部，并经复核通过，国民政府于十七年三月十日公布，同年七月一日施行。中华民国"旧刑法"不处罚无夫奸，只处罚有夫奸，对于通奸罪，采取男女不平等处罚原则。值得一提的是，不承认妾具有合法婚姻关系，因此妾与人通奸不成立通奸罪。这样，在中国实行了两千余年的无夫奸，终于退出了历史舞台，无夫奸的废止，无疑是传统旧律与舶来法律博弈的结局，如果没有西方法律文化的传播与熏陶，是无法废止无夫奸的。

通奸罪中"无夫奸"条的删除，其意义在于彻底终结了历史上"无夫奸"的法律规定。"无夫奸"条在民国之初，受政局动荡影响及礼教的顽强性而先废后立。民国十六年，民国中央常委会通过"旧刑法"，正式将无夫奸条排除在通奸罪之外。"旧刑法"彻底摒弃清代以来法律视任何婚外行为为"犯奸"的观点，未婚者之间双方情愿的性行为不属非法。国民政府出台的《中华民国刑法修正案初稿》《中华民国刑法修正案》以及于 1935 年最终定型并在台湾地区沿用至今的《中华民国刑法》（1935 年"新刑法"，以下简称"新刑法"），都不再将无夫奸行为列为刑法的处罚对象。在"新刑法"中立法者针对通奸条解释道，虽然一种观点坚持未婚成年人之间的性行为应该认定为刑事犯罪，法律起草者们决定此类行为应由教育防止，而不应靠刑法惩罚。至此，无夫奸罪彻底退出了历史舞台。

无夫奸不仅从法律文本上被废除，在实际的司法实践中也被有效执行。"无夫奸"条的废立是民初立法中争议较大的事件，"旧刑法"对"无夫奸"条的处置宣告了这一争论历史的终结。回顾现实实际，当时的社会环境保守之风仍强，新法效果显现稍缓以致地方对其理解有所疑义，1931 年 8 月 18 日日照县法院曾就此问题电呈司法院："例如某甲之子乙曾聘定某丙为妻，甲子乙年十四岁，少亡。某丙时已十六岁并未过门。但本县又有一种习惯，女已聘定，虽未过门，夫死亦应守志俗，称为贤良女。某丙虽未过门，即随本地习惯，归至某甲家守志，时逾十六年之久……如某丙犯奸，又应如何处理？"司法院的解释为"丙既系无夫妇女，其犯奸罪自不成立"。① 1933 年，最高法院刑事非常上诉判决亦指出：惟无夫妇女与人通奸及相奸之人，现行刑法尚无治

---

① 第五六〇号《司法解释》，载《法律评论》1931 年第 415 期。

罪明文，被告李候氏之夫李成房被害身死，该被告即属无夫之妇，纵令被告等谋杀原因系为便利续奸而起，而其所便利之行为究不成立犯罪。① 以上两例说明，中央及最高法院坚决贯彻"无夫奸"条废除的态度。

（二）有夫奸的法律规定与司法实践

关于有配偶的妇女犯和奸罪，传统旧律处罚重于有妇之夫。清末变法修律，基于四种理由仅规定有夫之妇通奸须受惩罚，即处罚有夫奸，不处罚有妇奸。这四种理由如下：②

其一，历史理由。有夫之妇与人通奸，自古以来被视为失节败德，破坏贞操之举；而有妇之夫与人通奸，历来均不受舆论非难，故不处罚有妇奸。

其二，生理理由。有夫之妇与人通奸，会导致血统紊乱。而有妇之夫与人通奸，则不会紊乱自己家族血统，故不处罚有妇奸。

其三，心理理由。有夫之妇与人通奸，常导致虐待亲夫之子或谋杀亲夫等恶果，而有妇之夫与人通奸，不致于弃家庭而不顾，最严重的不过将妻子遗弃，从来无谋杀亲妻的事实发生，故不处罚有妇奸。

其四，法理理由。凡法律条文的设定，必先参酌实情而定。有妇之夫与人通奸，刑法认为应该保护妇女而设罚，有夫之妇则不加以保护，故不处罚有妇奸。

这些理由显而易见站不住脚，仅处罚有夫之妇的通奸，这显然是男女不平等的法律，是不正确的立法。于是，国民政府于 1931 年 12 月组织刑法起草委员会，草拟刑法修正案，至 1933 年 12 月完成刑法修正案初稿。此项法律稿在不断地修改讨论后，于 1935 年 1 月公布，并规定于同年 7 月 1 日起生效。1935 年中华民国刑法最终用 2 个条文规定了通奸罪。

第二百三十九条：有配偶而与人通奸者，处一年以下有期徒刑，其相奸者亦同。

第二百四十五条：第二百三十八条、第二百三十九条之罪及第二百四十条第二项之罪，须告诉乃论。第二百三十九条之罪配偶纵容或宽恕者，不得告诉。

"新刑法"中通奸罪的规定，从"旧刑法"男女不平等处罚原则，争议为男女平等不处罚，最后定型为男女平等处罚原则。就男女平等而言，夫妇各自与人通奸均应同等处罚，是男女平等的体现，但夫妇若均不处罚，也是男女平等原则的实践，南京国民政府对于通奸罪从男女不平等处罚，到男女平等不处

---

① 第九七号《司法解释》，载《法律评论》1933 年第 512 期。
② 柯胜义：《从法史学观点论我国刑法上之通奸罪》，国防管理学院法律学研究所 1994 年硕士学位论文。

罚，最后到男女平等处罚。立法者为何放弃男女平等不处罚，而采取夫妇同罚？对此，俞承修分析认为，夫妇同罚源于家庭组织肇端于夫妇，夫妇因婚姻契约而结合，自应相互遵守其贞操义务，倘有通奸之事，不仅足以成为民法上离婚之原因，对于婚姻生活亦有所妨碍，故无论何方通奸，均应构成犯罪，因此采行夫妇同等处罚原则。

传统中国法对于通奸罪处罚一直单科刑女子，但经过女界努力，"新刑法"第239条明确规定："有配偶而与人通奸者，处一年以下有期徒刑。其相奸者亦同。"通奸罪实行男女平等处罚，改变了通奸罪不平等处罚的传统，初步反映了男女平等的精神。实际上，在传统习惯中女子将通奸作为犯罪起诉丈夫是很少见的。1935年8月21日，海门妇人杨金氏因丈夫与人通奸，向法院提起告诉。这在民国时期是一件破天荒的事情。这种案例是很鲜见的。这一事件令妇女界受到极大鼓舞。有人宣称："杨金氏之举，实为男界之棒喝，女界之晨钟。""新刑法"施行后，能利用"新刑法"第239条法益的妇女并不多，报纸上记载出来的仅三四起，事虽不尽相同，而女主角之归于失败则同。这是时人的观察。《大夏周报》也有文章认为："一般经济不能独立的妇女，恐不能行使其亲告权"，女子若不能从经济上独立，"法律上给予的平等权利，也只能明白的牺牲。"这就是为什么"新刑法"施行后，利用第239条维护自己法益的女士并不多的缘故了。而即使妇女肯去告诉且能成功，但因为经济上的依附，她将不得不去忍受丈夫的折磨甚或虐待，这也是妇女不肯告诉的原因。"一纸空文，几条法律，原是不能生效力的"，而这已不单纯仅是法律实施的问题，而是一个更大的社会问题。男女平等处罚的通奸罪虽使妇女在法律条文上获得了与男子同等的权益，但若不从根本着想，解决妇女的弱势问题，"则法律平等的条文，仍不过是白纸上的黑字。"① 当然，要谋根本的解决，必须有法律的保障，法律与经济、政治、文化、思想本是相辅而行的。但民国时期中国广大妇女争取刑法平等运动取得的成效也是不可低估的，是妇女解放史上浓重的一笔，是值得我们反思借鉴的。

法律平等是妇女解放的根本，妇女争取刑法平等，有赖于法律的进步与转型，经济独立、法律平等、妇女解放三位一体。在轰轰烈烈的妇女运动的支持之下，中国近代女子的法律平等地位得以拓展，进而影响到中国近代法律转型与社会进步。

（责任编辑　张艺琼　冯　杰）

---

① 徐幼祚：《通奸罪的处罚问题》，载《大夏周报》1934年第29期。

传统社会契约签押"真实意思表示"保障功能性缺陷与超越*

王志民**

摘　要：在传统社会中，契约中的真实意思表示一般通过签押环节予以确认，形成对契约权利义务的明晰、对契约事实的确认、对契约担保的承诺与保证。契约中的"防改押""关门押"具有防止契约条款被私自篡改的防伪功能。传统契约中的"签字"＋"画押"模式形成了对契约权利义务的再次确认，保证了契约当事人真实意思表示的最终实现，使人们据以产生合理的预期，有效减少契约纠纷的产生，节约社会资源，是一种有效的社会调控方式。但是，这种签押模式无法避免契约代签代押的问题。随着民事关系的日益复杂化，这种功能性瑕疵日益凸显，现实生活需要克服契约当事人签押行为可能被代替的问题，以便更好地维护民事权益。这种内在的矛盾促使契约签押形式不断演进，从签押向签章转变，适应社会发展的内在需求。

关键词：契约　签押　权利　义务　真实意思表示

2020 年，沸沸扬扬的"腾讯 VS 老干妈"案一时成为人们茶余饭后的谈资，如何通过签章保证契约当事人内在的真实意思表示成为问题的焦点。实践中，山东省高级人民法院曾于 2018 年 12 月 12 日发布了一个借条格式样本，该样本对当事人的签章作了规定：如果是个人债务，合同中要捺手印或盖章；如果属于家庭债务，则合同需要夫妻双方签名并捺手印或盖章；如果属于单位债务，则要求负责人签名并盖章。只有符合以上规定的行为才能产生预期的法

---

　　* 本文系吉林省社科基金项目"从传统中发掘智慧：吉林省民事习惯的分类梳理及现代价值研究"（项目编号：2021B117）的阶段性成果。
　　** 王志民，吉林财经大学法学院副教授，法学博士，吉林财经大学地方智慧立法研究中心主任。

律效力。可见，签押或签章在契约中具有重要意义。从现有资料来看，在传统社会，一个完整的契约必然包含签押环节，通过契约签押保证契约真实意思的表示，保证契约的履行。但是，契约签押难免会被伪造或代签代押，容易导致契约纠纷。因此，契约签押的真实性需要得到有效保障。契约的这种内在需求最终促使签押形式不断演变，最终产生了"签字" + "盖章"的签章形式。

一、传统社会契约签押的真实意思表示及现代法律规定

在日常民事活动中，"真实意思表示"的确定需要借助当事人外在行为予以判断。在传统契约中，这种外在行为具体表现为契约中的签押。"签"是指立契人、中保人或代笔人在契约尾部书写本人姓名的行为，"押"则是上述人员在自己姓名下画一个特殊的符号，以此表明对契约中所约定的权利义务知悉，并承诺按照契约约定内容履行契约义务的行为。因此，签押表明人们对契约内容真实性的明知与确认，也是对权利义务处分的法律承诺，作为同意、认可、承担契约义务的证明。因此，契约签押是契约文书产生法律效力的要件之一。

（一）传统社会契约签押与"真实意思表示"关系尚待发掘

契约是当事人处分自有权利义务的协议，需要通过签押行为加以确认。《汝东判语》"杨周怀等呈词判"有这样一段描写："民间买卖田产，只凭花押，离异等事，方有手摹。"① 花押与手摹都是传统社会契约签押的不同表现形式，最常见的形式是在签名之后画押。在宋代判牍中，契约签押可以作为直接证据使用："且人之交易，不能亲书契字而令人代书者，盖有之矣。至于着押，最关利害，岂容他人代书也哉！"② 因为关系当事人切身利益，所以签押不允许他人代书。清初袁一相指出，"民间产业，其祖遗者，自有先世置买文契，并祖父分书为据；若新置者，自有卖主文契中证花押为凭，此天下之通例也"③。契约签字画押在日常的民事交往中非常普遍，清末民初民事习惯调查也表明了这一点，例如，东北地区锦县有"立契应书名画押，似为一般公例"

---

① 参见董沛：《汝东判语》卷二《杨周怀等呈词判》，光绪正谊堂全集本，第3b页。
② 参见《名公书判清明集》卷之五《户婚门》之《争业下》，中国社会科学院历史研究所宋辽金元史研究室点校，中华书局1987年版，第153页。
③ 参见（清）袁一相：《民田无庸给由帖橄》，载贺长龄、魏源等编：《清经世文编》卷三一《户政》，中华书局1992年版，第785页。

的习惯，山西荣河县有"契约成立，须有中证。既需中证，必须其署名画押"的习惯，安徽五河县有"民间买卖不动产，卖主必于契内亲笔画押……惟抵押及典当契，则不画押者居多"的习惯，滁县有"滁邑不动产典卖契约以及借贷条据，由典卖主及债务人署名画押，中证仅书'同见'二字，并不分别签押"的习惯，富阳县有"凡典不动产，于契约书成后，主卖人及列名各中证均与各姓名下签押"的习惯。① 可见，全国各地签押的具体习惯在形式上虽略有差异，但签押本身不缺少，其已成为一份完整契约的有机组成部分。

学者很早就注意到契约签押的重要性。20 世纪 30 年代，日本学者仁井田陞对唐宋契约文书的画押形态进行了集中探讨，② 但由于研究视角的差异，仁井田陞没有对签押行为与契约"真实意思表示"之间的内在法律关系进行探讨。中国学者张传玺教授对唐宋之前的画押作了详细考证，并对画指与押字的流变做了研究，③ 任志强教授对传统社会契约中的画押形式、源流等做了深入研究，但两位学者对签押行为与"真实意思表示"之间的内在逻辑关系缺少分析论证。④ 就现有学术研究来看，尚未有学者就此问题进行讨论。如果不回答这一问题，那么契约签押的意义何在，签押行为与契约本身有何关系，我国古代契约何以会被严格遵守等问题就无法回答，也无法正确认识传统契约的真正价值。所以，有必要对契约签押与"真实意思表示"之间的内在逻辑关系进行研究。

（二）我国民事法律规范中的真实意思表示

真实意思表示是现代法律重要组成部分，无论是在立法中还是司法裁判过程中，莫不如此。

---

① 参见前南京国民政府司法行政部编：《民事习惯调查报告录》，胡旭晟、夏新华、李交发点校，中国政法大学出版社 2005 年版，第 354 页、第 398 页、第 437—438 页、第 445 页、第 490 页。

② 参见［日］仁井田陞：《花押及び略花押》，载《唐宋法律文书の研究》，东京大学出版会 1983 年版，第 24—36 页。

③ 参见《中国古代契约形式的源和流》，载张传玺：《契约史买地券研究》，中华书局 2008 年版，第 55—60 页。在此文中，契约中的债务人画押，因文化水平的不同，且往往为贫困破产的劳动者，不了解画押的真实意义，多是在自己姓名的下边押画以"十""七""O"等简单符号，从现存契约来看，多为画"十"。

④ 他将契约上的署名分为签押与画押两大类，画押分为以草书署名、书写其他文字、写"十"字、画"○"、用指印、用印章。更多对画押的研究，参见虞云国：《宋元押字摭谈》，载《中国典籍与文化》2008 年第 3 期。对敦煌文书中画押的讨论，参见杨森：《敦煌社司文书画押符号及其相关问题》，载《敦煌学辑刊》1999 年第 1 期；赵贞：《归义军曹氏时期的鸟形押研究》，载《敦煌学辑刊》2008 年第 2 期；任志强：《宋以降契约的签押研究》，载《河北法学》2009 年第 11 期；刘永华、温海波：《签押为证：明清时期画押的源流、类型、文书形态与法律效力》，载《文史》2017 年第 1 辑。

1. 法律规范中的真实意思表示

我国《民法典》规定"真实意思表示"是民事行为产生法律效力的条件之一。从《民法典》第 143 条规定来看,表意行为要产生法律效力,除行为人具有相应的民事行为能力,不违反法律、行政法规的强制性规定,不违背公序良俗外,还要求意思表示真实。《民法典》第 146 条规定,行为人与相对人以虚假的意思表示实施的民事法律行为无效。这种民事法律行显然违背了立法主旨,当然不会赋予其法律效力。《民法典》第 148 条、第 149 条以及第 150 条规定了几种法律行为因缺少真实意思表示而无效:一为表意人因受相对方欺诈而为的意思;二为以胁迫手段,使对方或第三方在违背真实意思的情况下实施的民事行为。之所以规定民事行为无效,是因为做出的行为与该主体的真实意思相背离。因此,真实意思表示是民事法律行为成立并产生法律效力的条件之一。

2. 司法判决中的真实意思表示

真实意思表示既是立法构成要件,也是司法过程中判断是否构成瑕疵行为的关键因素。笔者在裁判文书网上以"真实意思表示"作为关键词进行检索,结果显示,2018 年共计有 1209928 份民事裁判文书涉及真实意思表示,同期符合检索的民事案件数为 5185759,该类案件占到同期民事案件总数的 23.3%;2019 年、2020 年、2021 年、2022 年符合检索的案件数分别为 1432024 份、1388059 份、1166054 份、676211 份,分别占到当年民事案件总数的 24.6%、25.4%、28% 与 30.1%;[①] 连续五年持续走高,每年至少有 23% 以上的民事裁判文书中都会包含真实意思表示的表述,涉及当事人权利义务的分配,足以说明真实意思表示在民事法律行为中的重要性,并成为司法裁判的重要依据。比如,在"汤某某、马某甲、马某乙、王某某诉新疆鄂尔多斯 ＊＊房地产开发有限公司商品房买卖合同纠纷案"[②] 中,一审法院作出判决后,被告公司以双方之间买卖合同并非双方"真实意思表示"为由提起上诉,二审法院经审理后,对上诉人的主张予以采信,买卖合同缺乏真实意思表示,于是撤销了一审判决;在"中国建设银行股份有限公司广州荔湾支行诉广东＊＊能源发展有限公司等信用证纠纷案"[③] 中,法院在裁判文书中表示,"根据合同整体解释以及信用证交易的特点,表明当事人'真实意思表示'是通

---

① 此数据是笔者于 2023 年 3 月 10 日检索的结果。

② 参见中国法院网,https://www.chinacourt.org/article/detail/2017/01/id/2502907.shtml。

③ 参见中国法院网,https://www.chinacourt.org/article/detail/2019/02/id/3736917.shtml。

过提单的流转而设立提单质押"，因此而确认了合同的性质。① 前者因不构成真实意思表示而被撤销，后者则认定双方当事人之间存在真实意思表示，确认了合同的效力，足可见真实意思表示对当事人的重要意义。

二、传统社会契约签押对真实意思表示的保障

（一）签名是对契约真实意思表示的确认

契约签押的重要性是由签押的性质决定的。传统社会契约文书皆为竖行由右至左书写，整个契约分为主体与尾部两大部分，其中，主体部分位于契约的右部，具体包括订立契约的原因条款、标的物信息条款、价格条款、权利瑕疵担保条款、中保人条款等。这些条款约定了契约当事人的权利与义务的分配情况，预设了当事人未来的行为模式。但是，这种权利义务模式指向未来，当事人能否按照约定履行契约义务具有不确定性。要使这种约定具有确定性，使对方当事人能够产生合理的预期，就需要使这种约定具有法律效力，使一方当事人相信对方将依照契约条款履行契约义务，这种确定性是通过契约签押予以保障。因此，契约签押是一种非常严肃的法律行为，它表明契约订立者对权利义务分配行为模式的确认，并保证在约定的期间内按照契约内容履行义务。通过契约签押，使契约真实意思表示获得法律效力，从而使当事人产生合理的预期，并使社会生活处于一种有序状态。从这种意义上说，签押不仅是契约成立的形式要件，还使这种承诺受到法的约束，因此而形成可预期的社会秩序。

契约签押重要的另一原因是，中国古代缺少系统性民事法律规范。比如，《大清律例·户律》中的规范都是以刑事责任作为调整手段的，如"盗卖田宅"条规定"凡盗卖、换易及冒认，若虚钱实契典买及侵占他人田宅者，田

① 类似的案例还可见：在"宋某某诉西安市＊＊餐饮有限公司股东资格确认纠纷案"中，案件当事人向被告提出解除劳动合同申请，提出"本人要求全额退款，年终盈利与亏损与我无关"的申请，法院认定当事人宋某某的真实意思表示，具有法律效力。参见中国法院网，https：//www.chinacourt.org/article/detail/2018/06/id/3373092.shtml。在"中国工商银行股份有限公司宣城龙首支行诉宣城＊＊贸易有限公司、江苏＊＊有限公司等金融贷款合同纠纷"中，法院认为，合同中不仅有双方当事人签字盖章，也与江苏＊＊有限公司的股东会决议及其出具的房地产抵押担保承诺相印证，所以，该《补充协议》应系江苏＊＊有限公司的真实意思表示。参见中国法院网，https：//www.chinacourt.org/article/detail/2018/06/id/3373090.shtml。而在"王某某诉乐山市人力资源和社会保障局工伤认定案"中，四川省乐山市中级人民法院在二审审理过程中，认为上诉人自愿申请撤回上诉，属于真实意思表示，符合法律规定，因而裁定准许撤回上诉。参见四川省都江堰市人民法院网，ht-tp：//djysfy.chinacourt.gov.cn/article/detail/2019/03/id/3745955.shtml。

一亩、屋一间以下"属于违法民事行为,其结果为"笞五十",处罚随标的物数量的增加而加重。又如"典买田宅""收留迷失子女""别籍异财""卑幼私擅用财""收养孤老""典雇妻女""居丧嫁娶"等条,亦皆如此,缺少针对民事法律行为的具体规范。真正对契约当事人具有指导与调整作用的是传统的民事习惯,传统契约就是如此,这其中就包括契约的签押习惯,使契约真实意思表示得以确认,从而使契约中达成的合意在未来能够被认真遵守与履行,实现当事人各自的预期,实现社会的有序运转。

(二) 画押是对契约真实意思表示的再次确认

契约是立契人书写的处分自有权利的具有约束力的文书[1],通过订立契约,使契约当事人内在的意思表示得以外化。契约要产生预期的法律效力,一是要通过真实意思表述,当事人协商一致,达成合意;二是对这种协商一致的合意作出正式承诺,从而受到法律的保护,产生法的约束力,契约签押就使双方合意发生法律效力。传统社会契约签押一般是先签名,后画押[2],即上签下押,一般写作"立契人某某""立典契人某某""立绝卖人某某""立借字人某某""立添尽契人某某"等。除签名之外就是画押,画押有多种形式,其中画"十"最常见,也有画"○""ð""○̣"等多种形式,还有花押。如图1为"乾隆四年 (1739 年) 李友智卖地契"签押情形,立契人李友智在签名之后画"十"。图2是"乾隆二十七年 (1762 年) 梁世道与梁世典换地连二契"签押情形,也是签名后画"十"字。[3] 如上所述,契约签名是当事人对契约真实意思的正式确认,为了显示严肃性,在古人看来,仅仅一个签名还不足以具有强制约束力,于是,在姓名之下,再由签名者画押,形成对契约内容真实性的再次确认。通过这种双重确认,进一步增加了契约的约束力与公信力。

---

[1] 或者由代书人代为书写,很少有立契人亲笔书写。

[2] 此处所谓的画押,是就普遍意义而言的。在个别地方,如清水江流域契约中,一般只有签名,较少有画押情形。

[3] 参见田涛、[美] 宋格文、郑秦主编:《田藏契约文书粹编》(第一册),中华书局2001年版,第 19 页契 27、第 23 页契 35。

图1　　　图2

（三）中保人签押是对契约保证条款真实性的再确认

除立契人签押之外，常见的还有中见人或担保人签押，即中保人签押，中保人签押的位置一般在立契人签押左侧、代笔人签押右侧。中保人签押的形式也是"签名"＋"画押"，中保人在契约中一般称为"中保人""中见人""见人""保人""中人"等；形式多为画"十"，也有画"ō""○""⊖""⊕"等。如果中保人为数名时，一般将"人"字大写，跨两行、三行或多行，在"人"字之下，分别为数个中保人并排依次从右至左签名，然后在每个中保人名下各自画押。图3是"嘉庆二十四年（1819年）张大英、张锡祉立帮地合同"中人画押情形，图4是"道光三年（1823年）张以谦、张以诚卖房连三契"中人画押情形，图5是"咸丰二年（1852年）李松林卖地连二契"中人画押情形，图6是1912年"梁过管卖地连二契"中人画押情形，[①]都是"人"字大写，"人"字下为中保人签名，签名下为画押。

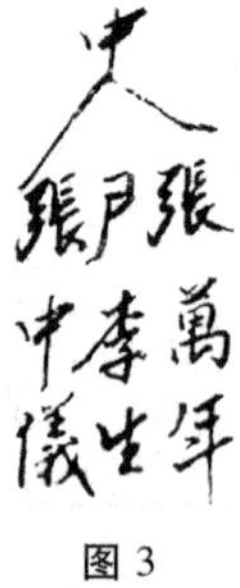

图3 　　　　　图4 　　　　　图5 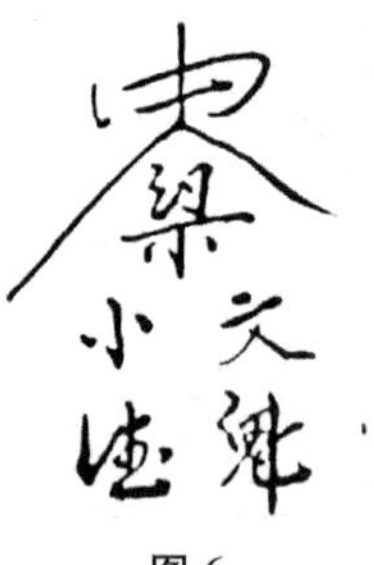　　　　　图6

---

① 田涛、［美］宋格文、郑秦主编：《田藏契约文书粹编》（第一册），中华书局2001年版，第45页契88、第51页契100、第68页契133；田涛、［美］宋格文、郑秦主编：《田藏契约文书粹编》（第二册），中华书局2001年版，第8页契322。

中保人签押有两个功能，一是对契约本身及担保条款真实性确认与保证，二是对契约条款保证。既然立契人已经对契约条款所确定的权利义务作了具有法律约束力的承诺，而且也签字并画押了，那么，为什么还要有中保人签押呢？这是因为立契人是否会遵守约定的条款履行契约义务，在契约被履行之前并不能确定，因此，契约的另一方必然存有顾虑。为了打消这一顾虑，使其相信契约订立者作出的履行契约的承诺，需要追加中保人，保证契约的履行。在传统社会中，这种担保一般采取人保的方式。因此，中保人签押提高了契约履行的预期，增加了契约的公信力，权利人乐于接受。契约中由于有中保人签押，起到见证与担保契约履行的作用，使契约的履行具有保障，能大大促进交易的安全。

（四）代书人签押是对契约订立过程真实性的再确认

传统社会契约文书很少由立契者自己书写，大多都是由代书人代为书写，[①] 代书人亦需要签押，这便是代书人签押。在清代，由于交易行为的普遍存在，已经形成了固定的书写格式，这种格式的形成使契约的结构、用语更趋于简洁实用。代书人对契约书写格式、用语习惯更为熟悉，由代书人完成契约书写可以有效避免当事人之间产生纠纷。代书人在契约中又被称作"代笔人"或"代字人"等，其签押位置在中保人之后、契约尾部最左侧。与立契人、中保人签押一样，代书人签押也是先签名，后画押；不同的是，代书人的画押往往较为复杂，多由不同文字以不同的形式组合而成，或者是吉祥语的草书合写，或者是姓名的部分组合，也可能是笔名、字号的组合，清末民国甚至还出现了英文字母的组合。这些组合都具有深远蕴意，如"一片好心""吉祥如意"等，[②] 因其形似花朵，又因"画"与"花"音似，故代书签押往往又被称为"花押"，这种画押比较美观，可欣赏性强，但结构复杂，不易书写，模仿难度较大，具有很强的防伪性，增强了契约的真实性，形成了对契约真实性的再次确认，这有利于促进社会交易，保证交易安全。

---

① 就笔者所见的契约中，只有《湖北天门熊氏契约文书》中常见到有立契人亲笔书写契约，除此之外，很少能看到由立契人书写契约的情形，几乎都是由代书人代为完成契约的书写。

② 刘永华认为，在明清契约的签押中，署名的情形较为少见，他列举了《大地之约》中以花押形式签名的几则实例。如咸丰五年（1855年）卖契，代书中陈行敬的花押是名字与非文字符号的组合，即先书"行敬"二字，然后在行字上画一横，敬字下加一圈。光绪七年（1881年）凑断契，代书中人陈行雍的花押是，上一横，中为"维"，下一椭圆，上部与中部构成"雍"字。宣统元年（1909年）卖断契，中人李德泉的花押是"泉"字下画一圈。民国四年（1915年）卖断契，代笔陈大康的花押是"大康"二字，下加一"白"字。民国三年（1914年）收字，中人高体康的花押是"康"字加"白"。参见冯学伟：《契约文书的伪造、防伪与辨伪》，载《法制与社会发展》2013年第2期。

（五）关门押是契约真实意思的确认与防伪

契约真实意思表示既需要正式确认，也要防止被篡改，保证订立契约的意思表示不被伪造。契约真实意思表示被篡改包含两种形式，一种是在契约中私自增加新条款，从而改变原契约所形成的权利义务内容，另一种则是在契约中涂改关键信息，比如，对价格条款进行涂改，使权利义务在量上发生变化，影响当事人的利益。在实践中，人们使用"关门押"防止一方私自增加契约条款，改变契约内容。

关门押位于契约正文末尾，画一个挽结类的符号，作为契约条款完结的标识，并表示该契约不能再增加任何条款内容。如图7，在契约正文结尾处画一个挽结，作为契约完整的表示；图8"康熙四十六年（1707年）张玹典地契"在"立契存照"后面画一个类似"封"字的特殊符号就是关门押。又如图9"清光绪二十三年（1897年）赵立德、赵立胜典地契"①，在契文"立笔为证"后画一个"十"字关门押。关门押普遍存在于民事契约之中，《民事习惯调查报告录》中记载，浙江富阳"每于正契书'永远存照'字样之后，又另填写一行，有再批银契两交外，不另立小票并照等数语，于此数语之下，又须另签一押，是为银契两交之押……故此押所画最后，谚名'关门押'，在契约上尤为重要。"② 安徽徽州绩溪有同样的习惯，"无论契约、票据、当收束字下必须由立字人加画一押，亦有由代笔人代画者，谓之关门押，以免再有添注。例如，契末云'空口无凭，立契为据'，则于'据'字下书画一押，俗谓之'关门押'。"③ 这种画押目的在于禁止再增加任何契约条款。结合契尾部分的签押来看，立契人、中保人、代笔人只对此签押之前所确定的权利义务条款表示认可或担保，并受其约束。因为在此关门押之前的条款是当事人通过协商达成的合意，当然对当事人具有约束力。如在此押之后再增加任何条款，只是一方私自增加的内容，未与对方达成合意，属于伪造契约的情形，增加内容自然无效，也对中保人无约束力。

---

① 参见田涛、[美]宋格文、郑秦主编：《田藏契约文书粹编》（第一册），中华书局2001年版，第15页契17、第136页279。

② 参见前南京国民政府司法行政部编：《民事习惯调查报告录》，胡旭晟、夏新华、李交发点校，中国政法大学出版社2005年版，第490页。

③ 参见前南京国民政府司法行政部编：《民事习惯调查报告录》，胡旭晟、夏新华、李交发点校，中国政法大学出版社2005年版，第609—610页、第529页。

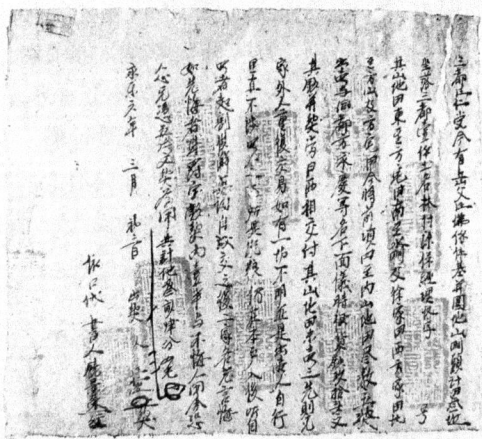

图 7

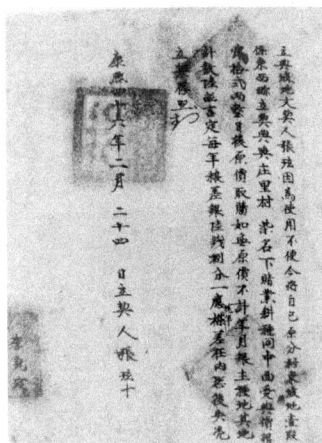

图 8

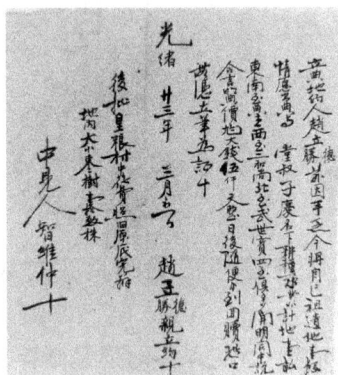

图 9

（六）防改押是契约真实意思表示不被篡改的保证

契约订立之后，既要防止一方私自增加契约条款从而改变双方权利义务，也要防止一方对关键信息的擅自篡改，比如对契约中标的物价格、大小、标的物数量等关键条款的涂改。由于实践中有这种现实需要，于是产生了防改押，防止一方私自涂改契约条款。防改押位于契约正文条款中，一般是在价钱、期限、数量等关键部位做特殊标记，如画一个圈，将关键信息圈起来，或画一条竖线，做出明显的标记。这些被圈起来或做出明显标记的部位不允许进行任何修改，否则无效。如图10"雍正元年（1723年）安徽歙县吴一铭、吴顺臣、吴一镕兄弟卖地契"，在"四厘四毫"等八处数字的右侧画一条竖线，以防涂改，这就属于防改押。再如图11"嘉庆十二年（1807年）李槐龄典产契"[①]，将典地价钱"一十一两五"、租银"一两"两处关键部位圈起来，以防被篡改。契约正文中的防改押起到防止契约被篡改的作用，也具有提示人们特别注意的功能。

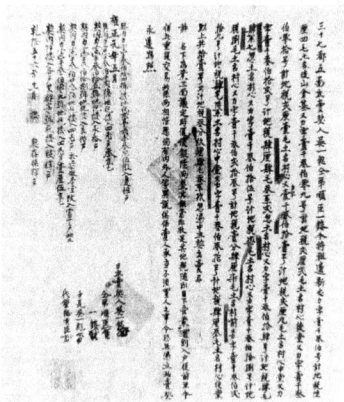
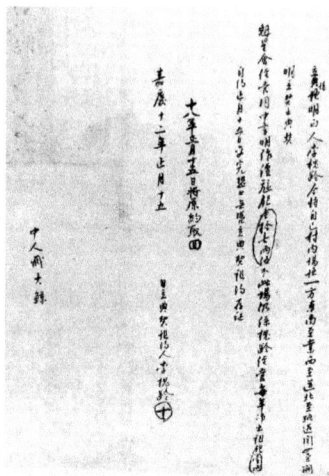

图10   图11

三、传统签押在契约真实意思表示中的功能缺陷

如上所述，无论是签名还是画押，都是对契约真实性的保证，以促进社会生产与交易的安全。但是，在日常民事生活中，传统形式的契约签押依然存在被他人代签代押的现象，使契约真实意思表示不能得到真正的保障，契约履行存在风险。

（一）传统社会签名但不画押缺少对契约真实意思表示的二次保证

在传统社会契约中，契约只签名不画押现象也时常存在。如图12为"光绪十三年（1887年）姜克明典田契"中契约中保人签名的情况，在此契约中，

---

① 参见田涛、［美］宋格文、郑秦主编：《田藏契约文书粹编》（第一册），中华书局2001年版，第1页契1、第47页契92。

只有怀庆与克明的签名, 没有画押。① 《民事习惯调查报告录》中记载, 山东平度 "（乡间）买卖房地契及合同借帖, 往往仅书立约人名字, 而不签押" 的习惯, 山西荣河 "契约上所有中证, 仅允署名, 不行画押, 积习已久, 相安无异。" 安徽淮北则 "买卖田宅时, 所书之卖契, 卖主并不画押, 在场中证只书写'同见'二字, 亦不画押", ② 同样没有画押习惯。

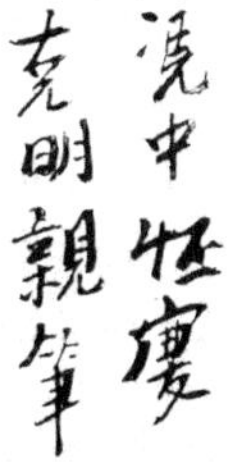

图 12

如果认真对照契约原件笔迹研究就会发现, 这些契约中的签名往往不是由立契人自己完成的, 而是由代笔人代为书写的。这是因为, 在传统社会, 多数人普遍存在书写障碍的问题, 因此, 在实践中, 立契人和中人很少亲笔签名, 一般都是由代笔人代为签名。比如, 在 "姜文甫典田契" "王思仲典地白契" 中的契约正文和签名笔迹完全一样, 显然是由代书人一人完成。从前述分析可知, 契约签名具有确认功能, 在只有签名没有画押的情况下, 签名一旦由他人代替, 则签名确认功能必然流于形式, 无法保障立契人、中保人的真实意思表示与契约内容相一致, 极易引起契约纠纷。《民事习惯调查报告录》中就记录了安徽淮泗道所属各县中契约因无画押而导致契约纠纷, "田宅卖买, 其契必经卖主署名画押, 此为普通习惯。惟皖北淮泗道所属各县, 卖买田宅时, 所书之卖契, 卖主并不画押, 在场中证只书'同见'二字, 亦不画押", 一旦 "遇有争执" 则 "颇费解决", ③ 耗费大量的社会资源。

---

① 参见唐立、杨有赓、[日] 武内房司主编:《贵州苗族林业契约文书汇编（1736—1950 年）》（第三卷）, 东京外国语大学 2003 年版, 第 106 页。

② 参见前南京国民政府司法行政部编:《民事习惯调查报告录》, 胡旭晟、夏新华、李交发点校, 中国政法大学出版社 2005 年版, 第 466 页、第 495 页、第 528 页。

③ 参见前南京国民政府司法行政部编:《民事习惯调查报告录》, 胡旭晟、夏新华、李交发点校, 中国政法大学出版社 2005 年版, 第 528 页。

（二）传统社会"签名＋画押"的形式不能保证当事人参与契约的真实性

在代笔人代签的情形下，画押的出现在一定程度上克服了当事人不能签名的问题。只要完成画押行为，便在事实上形成了对契约条款与签名的确认。因为画押仅仅是一种简单符号，其完成难度远低于署名，具有简便易操作特点，无论是立契人还是中保人都可以独立完成。因此，在代笔人代立契人、中保人签名后，由立契人、中保人在自己的姓名下亲笔画押，便形成了立契人、中保人对契约内容真实性的确认，保证了立契人、中保人的真实意思表示。但是，在实践中，由于画押过于简单，"十""⊕""δ""○""○̄"等形式的画押身份识别性不强，难以起到预期的效果。

如图13为"乾隆四十七年（1782年）张万库典地白契"，从笔迹来看，立契人张万库和中见人肖起枝、张万苍的画押都是"十"，而且三个"十"是连写的。首先，在并列的三个人名下画一条水平长线，然后在每人名下的长线再画一竖线，形成并排连写的三个"十"。① 很显然，这份契约中的画押也是由代笔人代为完成，并不是立契人、中保人自己完成的。画押存在的目的就是为了保证当事人对契约的所有条款都充分理解其真实含义，并作出承诺，从而产生法的约束力。契约签押使双方当事人真实意思表示具有法律效力，签押人必须对自己在契约中所作的意思表示承担法律责任。这就要求契约签押行为必须由当事人本人完成，不得由他人代签。"买卖契约，必须本人签押，唯不必须本人亲自缮写，即由中证人或代字人代为缮写，亦能发生买卖效力。"签押必须由本人完成，"买卖契约请人代写，与本人亲笔缮写，均有同等效力。至签押一项，则非本人亲手不可。但有例外，倘本人有特别事故发生，临时不能到场，亦得委托亲属代为签押。至若未得本人同意，由中人代签者，则其契约当属无效。"② 本人亲笔签押是基本原则，他人代签代押是例外，代签代押须有立契人的明确授权同意，否则签押行为不产生法律约束力。画押一旦被他人所代替，则设计画押环节的初衷就无法实现。仔细辨别会发现，在大量的契约中，不仅签名往往由代笔人完成，而且画押也往往由代笔人代为完成，当事人很少亲笔完成画押。画押如果不能有效克服这一弊病的话，则无法保障契约真实表示的有效性。传统签押形式矛盾给签章的产生提供了空间。

---

① 参见首都博物馆编：《首都博物馆藏清代契约文书》，国家图书馆出版社2015年版，第139页。
② 参见前南京国民政府司法行政部编：《民事习惯调查报告录》，胡旭晟、夏新华、李交发点校，中国政法大学出版社2005年版，第95页。

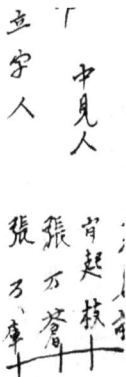

图 13

四、签章的产生：契约签押困境的超越

签押存在的意义就在于保证当事人对契约中真实意思表示的确认，发挥契约承诺的效力，保证契约在未来被切实履行。如上所述，大量契约签押往往是由代书人代为完成，而签名与画押一旦被他人代替，那么承诺的法律效力无疑会被大打折扣，易导致诉讼产生，容易使契约相对方产生顾虑，自然提高了社会交易成本。实践中，民间争诉非常重视契约签押，比如，江西省"赣南各处乡民，凡因权利争执，往往投请中族理处，书立合同字据，由双方代表在场画押，息事完案，彼此遵守，认为绝对有效，法至良、意至美也。"① 契约签押被他人代签代押不利于契约的履行，这就对契约的签押提出了新的现实需求，必须克服契约签押被代签代押的现象。在长期的实践中，出现了一种新的代替画押的形式，即用加盖私人印章的方法代替画押，从而完成本人签押行为。因为私人印章是私人印信代表，其上刻有本人姓名，并由本人保管，一般不能被伪造。私人印章的出现，即使签名仍由他人代为完成，但其名下加盖本人印章能够表示本人对契约权利义务的确认，足以说明当事人确实参与了契约订立过程，对契约所约定的权利义务明知，并表示认可与遵守，从而形成约束力，这有利于契约的履行，也有利于诚信社会的形成。契约签章在一定程度上克服了当事人无法正确书写自己姓名的障碍。

契约签章在清代中晚期大量出现，如图 14 所示 "宣统元年（1909 年）豫

---

① 参见前南京国民政府司法行政部编：《民事习惯调查报告录》，胡旭晟、夏新华、李交发点校，中国政法大学出版社 2005 年版，第 564 页。

绍庭借银券"中豫绍庭的画押用篆字"豫"的印章代替，下面还有一枚图案印章，看起来美观大方，二者相结合，起到画押的效果。图 15 为 1943 年"宜良典水田文契江头村官秉绅将祖遗田典与受卿契"，该契约中，除代书人签押之外，立契人、中保人都采用了签章形式。① 民国时期，人们在契约中开始大量使用私人印章。图 16 为 1942 年"张映堂租地契"，该契约中的立约人、代书人以及两位中保人签名下都用盖印的方式完成了签章，印章上的名清晰可辨。又如 1939 年"尹增贵换字契"中有六位中保人，其中五人采用签章的方式完成。

 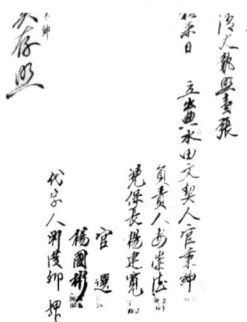 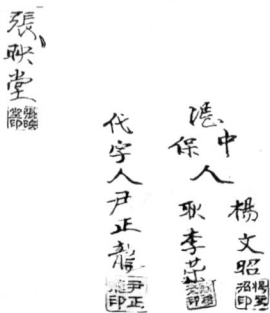

图 14　　　　　　　　图 15　　　　　　　　图 16

这种以印代押的做法使契约的订立更趋于规范，主要体现在以下几个方面：

1. 用印主体普遍化

清初，契约签押中偶尔有立契人用印章代替画押，而代笔人、中保人很少使用印章。具体签章部位为立契人姓名上，与姓名叠加。私人印章除盖在立契人签名上之外，往往还会有部分印章盖在后一位中见人姓名上，发生一枚印章加盖两人姓名的情形。清中晚期以后，契约中私人用盖印代替画押渐趋普遍，进入民国后，签名＋盖章已成为主要的方式，立契人、中保人、代书人在契约中普遍使用印章，出现了签押与签章并存现象。

2. 印章形制固定化

在签章普遍化的同时，印章形制也开始进一步规范化。从形制上来看，清代早期的私人印章比官方印章形制小，一般呈长方形，长宽之比约为 3∶2。民国时期的私人印章由最初的长方形变为正方形，宽度未变，长度变小，使用红色印泥。印章形制的固定化是以印章的大量且反复使用为前提，是对印章的

① 参见吴晓亮、徐政芸主编：《云南省博物馆馆藏契约文书整理与汇编（第二卷）》（下），人民出版社 2013 年版，第 659 页。

规范结果。

3. 盖印方法规范化

民国时期契约盖印的方法，由斜盖变成为正盖。最初私人印章在水平方向上一般都会有15°到45°不等的夹角，到民国时期，印章与契约文字平行，夹角趋向为0°。早期的盖章与签名重合的现象较为普遍，民国时期的契约一般是在当事人姓名下方盖印，印章与姓名一般不重合。同时，契约中的防改押也多为盖章所取代，亦呈现规范化趋势。

无论是契约中用印主体的普遍化还是印制大小变化、盖印方法的规范化，都起到对契约当事人真实意思表示的确认与保证。一方面，通过这种固定化、程式化过程增加了契约的严肃性；另一方面，签章取代传统签押，提高了伪造的技术难度与经济成本，有利于防止契约冒签现象的发生。同时，签章也强化了法律责任，使其不得以非本人签章或无法证明是本人签章而拒绝履行契约义务。

签章的出现与完善，使传统的契约签押趋于规范化。签章可以有效避免传统契约签押由他人代签代押的问题，保证签押人的权益，减少契约纠纷，具有定分止争的作用，并可降低契约成本，节约社会成本，促进社会交易，符合商品经济发展的时代需要。

五、结语

清末江苏句容县县令许文濬说："产业以字据为凭，字据以花押为准。"①

订立契约的宗旨在于实现既定的目的，而这种目的的实现，有赖于契约中双方当事人达成的合意，在这种合意中预设了行为模式，权利义务按照双方当事人预设的行为模式进行分配。签押使这种真实意思表示确立的合意与行为模式产生了法律效力，使人们按照预先约定的模式履行义务。在实践中，签押的目的与签押的形式之间的矛盾促使签押不断完善，推动签押由传统形式向现代形式转变，使更具有信赖意义的签章代替传统的签押，完成了从签押到签章的转变。这种转变的实践价值在于，它克服了契约当事人或参与人的书写障碍，满足了人们参与订立契约的内在需求，具有较强心理约束力，促使其依照契约约定履行契约义务，减少契约纠纷，节约契约履行的社会成本，树立诚信观念。

（责任编辑 左智鸣）

① 参见（清）许文濬：《塔景亭案牍》，俞江点校，北京大学出版社2007年版，第103页。

新时代法治与德治相结合思想史鉴初论

庞　蕾[*]

摘　要： 法安天下，德润人心。法律与道德自古以来就是治理国家的两个基本工具，从西周的"礼与刑"到汉代"德与刑"再到清末的"礼与法"，在国家治理中法律与道德之间的争斗似乎从未停止过。治国理政的手段，究竟是选择法律还是道德？抑或是兼而采之又难分有无先后顺序。本文从法律史研究视角出发，探讨法治与德治两种不同的思想，以及在其影响下形成的两种不同治国理政方式。通过梳理其历史渊源与发展演变进程，结合当今习近平新时代中国特色社会主义法治思想的内涵，论述新时代背景下法治与德治的最新应用模式——中国特色社会主义法治体系与社会主义和谐社会建设，进一步理解习近平新时代中国特色社会主义法治思想的价值及意义。

关键词： 法治　德治　习近平法治思想　中国特色社会主义

当前，关于法治与德治的研究成果大量涌现，已成为法律史等研究领域的一个热点，这一研究十分重要。党的二十大报告指出："坚持和发展马克思主义，必须同中华优秀传统文化相结合。"[①] 法治、德治与中华优秀传统法律文化关系密切，研究法治与德治相结合思想有利于弘扬中华优秀传统法律文化；而中华优秀传统法律文化的精华之一，便是法治与德治思想。依托于长期的理论研究与历史实践，中国逐步形成了独具特色的社会主义法治与德治思想理念。习近平法治思想中也有关于法律和道德、法治和德治的辩证关系的内容，

---

　*　庞蕾，南开大学法学院 2021 级博士研究生。

　①　习近平：《高举中国特色社会主义伟大旗帜，为全面建设社会主义现代化国家而奋斗——在中国共产党第二十次全国代表大会上的报告》，载《解放日报》2022 年 10 月 26 日，第 2 版。

"依法治国必须与以德治国相结合，一手抓法治、一手抓德治，将社会主义核心价值观融入法治建设，形成依法治国和以德治国相辅相成、相得益彰的良好局面"①。通过对法治与德治思想的进一步研究，可以挖掘更多在中国数千年间形成的中华优秀传统法律文化，古为今用，使其更深入人心、发扬光大。如今对法治与德治的研究还需推进，在深度与广度上都要有所突破，把这一研究提升到新的高度。

一、中国古代社会的"法治"与"德治"

回顾中华民族五千年的悠久历史，法律与道德作为治理国家的两个基本工具，始终发挥着重要的作用，在此基础之上形成的"礼法"思想也是中国传统法律文化的重要组成部分。讨论中国古代社会的"法治"与"德治"，实际上就是论述中国传统"礼""法"二者之间的关系，从西周到汉朝再到清末，"礼"与"法"二者整体上基本呈现出"合—分—合"的发展态势。下面以西周、汉朝和清末为例，分析中国古代社会"礼""法"分立与合一的发展变化过程。

（一）从"礼法合一"到"礼法分立"——西周至汉朝

"礼"是中国古代社会行为规范的灵魂，是古代社会重要的意识形态，是中国传统法律文化的坚硬内核。"刑"是中国古代社会强制威慑力的集中体现。西周时期提出的"出礼入刑"思想，将"礼"与"刑"两种手段结合起来共同治理国家，开创了中国独有的治国理政模式，影响了中华法系两千余年，此后历朝历代都深受这一思想模式的影响。因此西周时期就可以看作是我国传统"法治"与"德治"思想争论的开端。

1. 西周的"礼治"与"礼制"

"礼"是中国传统独有的行为规范。起源于初民社会的祭祀仪式。西周初年，在周公主持下，对以往的宗法传统习惯进行补充、整理，制定出一套以维护宗法等级制度为中心的行为规范以及相应的典章制度、礼节仪式，即"礼治"和"礼制"两个方面。这也是中国历史上第一次大规模、系统性的立法活动。周人用"德"的观念变革夏商的神权法思想，使之更加丰富和完备。尤其值得注意的是，西周的"礼"因其适用对象的不同，间接上确立了中国

---

① 《张文显：中国特色社会主义法治理论体系的重大发展》，载《贵州法学》2014 年第 11 期。

古代法的公开不平等性，亦成为中国古代特权法的开端，为后世专制主义中央集权制度的确立奠定了基础。

"礼治"融国法家规、忠义与孝道、教化与刑罚于一体，成为西周统治者治国理政的指导思想，也是中国传统文化的核心。"礼治"强调"德"的重要作用，以"亲亲也，尊尊也，长长也，男女有别"① 为核心，从道德层面对统治者提出了要求，即必须符合"礼"的要求，做有"德"之人，才能实现长久有效的统治；作为上层建筑的"礼治"内涵丰富，按调整对象和调整内容的不同，分为吉礼、凶礼、军礼、嘉礼和宾礼五种，大至国家统治，小到社会个人层面，从政治、经济、军事、文化、个人的言行视听、社会风俗习惯和礼节仪式等角度全方位规定了必须遵行的行为规范。"礼"也因此成为西周统治阶级维护统治的有力工具。

"礼制"则泛指一切国家社会的治理制度，用以调整国家的根本制度和根本方向等。因此"礼"也被称为"国之干也"②"王之经也"③，具有"经国家定社稷"的重要作用。西周以血缘亲疏作为划分等级、享有特权的标准，分封制、宗法制等都是其中的典型表现。宗法制以血缘关系为纽带，以周天子为核心，各级贵族竞相拱卫，形成一种宝塔式的等级结构以维护统治阶级的利益，符合"礼治"的要求，实现了族权与政权的有效结合。这种等级结构特别强调等级有差，讲究君与臣、父与子、夫与妇之间的尊卑关系，以贵贱区分社会的不同阶层。因此"礼制"实际上就是一种特权法，用以维护少数人的统治利益。

"礼治"与"礼制"共同构成了西周"礼"的主要内容，共同作用于维护西周奴隶制社会内部的稳定。理论指导实践，实践反作用于理论的发展。一方面"礼治"是"礼制"发展的理论根基，为"礼制"的产生及发展奠定了思想基础；另一方面随着"礼制"的渐趋完备，逐渐成为西周社会稳定统治秩序的有力工具，也在实践层面促使"礼治"走向成熟。"礼治"与"礼制"二者相辅相成、不可分割。自西周开始，统治者将"礼"作为维护自身统治的工具。后来随着孔子"纳仁入礼"并提出"修身、齐家、治国、平天下"④的准则；荀子将法家与儒家相结合，提倡"隆礼重法"的思想，这些举措都不断丰富完善了"礼"的内涵。

---

① 《礼记·大传》。
② 《左传·僖公十一年》。
③ 《左传·昭公十五年》。
④ 《礼记·大学》。

2. 西周的"刑法"与"刑罚"

"刑"是西周刑事法律制度的总称，主要包括"刑法"与"刑罚"两大部分。西周以"明德慎罚""亲亲""尊尊"作为法治的指导思想，并在此基础上制定了一系列相应的刑罚，同时又规定了矜老恤幼、世轻世重等刑罚适用原则，这也在一定程度上构成了西周刑事法律制度的基本内涵。其中西周初年在继承商朝刑书的基础上制定的《九刑》① 就可以看作是西周的成文刑书，通过适用《九刑》开始有了法治的雏形。

西周刑罚制度是以夏商刑罚制度为基础发展起来的，夏商两朝以肉刑为主，分为墨、劓、剕、宫、大辟五种刑罚，西周在"五刑"的基础上又增加了鞭、扑、流、赎等四种刑罚，合称为"九刑"，此外还有"圜土之制"② "嘉石之制"③ 等刑罚，以肉刑、劳役刑等不同的惩罚形式对犯人进行惩戒。西周的刑罚制度在不同史料中的记载多有不同，但总体上可以概括为：对贵族犯罪刑罚多实行绞刑，对平民犯罪适用刑罚种类较多也更为残酷，极大体现了西周森严的等级制度。西周时期，中国奴隶社会逐渐走向成熟，刑罚处罚也发展到较为成熟的高度。其刑罚制度不仅具有奴隶制国家共有的特点，同时也有体现西周特定的历史条件和特有刑法思想的独特之处。

西周的法治思想可以理解为对刑书刑罚的贯彻与实施，统治者崇尚神权法思想，借助于天神意志表达个人的治国理政思想、统治百姓、稳定朝纲。法在这一时期并未发挥其应有的作为规范人们行为的准则的作用，而是作为西周统治者维护统治秩序、惩罚政敌、排除异己的铁血宝典。

3. 西周时期的"礼刑结合"思想

西周时期的"礼与刑"主要是用来调整人民日常生活中的各种社会关系、维护封建统治，二者相互配合、取长补短，共同构成了西周完整的法律规范体系。作为表现当前社会意识形态的上层建筑，礼与刑在实质上是一致的，都是调整人们行为的准则规范，但二者在表现形式及功能上还存在一些差异。如果说礼是禁恶于未然的预防之策，属于积极主动地调整规范，重在教化；那么刑则偏向于消极的处罚之说，属于惩恶于已然的制裁规范，重在惩罚。二者的关系可以简单理解为以下两点：

一是"出礼入刑"④。礼的很多规范实质上具有法的性质，作为西周王室

---

① 《左传》。

② 《周礼·秋官·大司寇》。

③ 《周礼·秋官·大司寇》。

④ 《后汉书·陈宠传》。

统治中原的两种基本手段，礼是刑的基础和渊源，即"法出于礼"。在奴隶制社会早期，法律规范多来源于习惯法，即以祭祀礼仪等约束人们日常生产、生活的行为规范准则。因此，凡是礼所不容的，就是刑所禁止的；凡是合于礼的，也必然是刑所不禁的，二者相辅相成、互为表里。刑在实际应用中以礼为指导原则，礼则主要依靠刑的强制力实现它的约束作用，用刑是为了实现礼的功能，并非单纯地适用刑罚。即在西周礼、刑二者的关系上，礼居于主导地位，刑要服从礼的指导。这可以看作是最初法治与德治争论的观点，在当今社会中仍起着重要的奠基作用。

二是"礼不下庶人，刑不上大夫"①。西周法律最为明显的特点就体现在其"等级观念"上，针对不同的对象适用不同的法律规范，是一种实质意义上的特权法。作为宗法制的产物，"礼不下庶人"的含义是指庶人因其低贱的出身，且日常多从事体力生产劳动的特点，不具备实行礼所要求的物质条件，即受身份与行为的限制，庶人无任何特权，但仍受"亲亲尊尊"原则的约束；至于"刑不上大夫"则可以看作是西周贵族阶层的特权法，规定大夫以上的贵族在犯罪后可以获得一定条件下的宽宥特权，无论减免处罚还是其他形式的轻刑论处，都可以明显看出贵族与平民的不同。这也从侧面证明了早期奴隶制社会的法律规范主要是用来惩治奴隶和平民阶层的。这可以看作是西周的统治者为维护统治阶级利益，巩固本朝统治而采取的歧视性手段。

西周德治与法治的争论主要体现在当时的社会背景之下，社会等级分明、刑罚严苛，贵族因特权鼎盛维护自身利益。作为统治者制定颁行的法律必然重在维护自身所处阶层的利益，法治必然要为德治让步。以礼服人、德治天下，正是当时社会发展的主流。当二者发生冲突之时，统治者必然要为巩固政权统治服务，在社会占据核心位置和崇高地位的奴隶主阶级势必会从自身角度出发，选择性适用法律，维护本阶层利益。因此可以看出，在这个历史阶段，德治可以看作是依据统治者自身的德行标准来治理国家，而并非社会层面的德治。与之相较的法治思想在这个阶段并未明显显露出来。

（二）从"礼法分立"走向"礼法再度合一"——汉朝至清末

在漫长的历史进程中，随着社会的发展与人们思想的进步，特别是经历过春秋战国时期的"百家争鸣"后，子产铸刑鼎意味着"礼""法"的分开，二者逐渐分立，整体呈现出法强礼弱的态势。到了汉朝，汉初的"黄老之学"与董仲舒的"引经注律""春秋决狱"则正式掀开了结束礼法分立的序幕。自

---

① 《礼记·曲礼上》。

此到清末改制，吸纳西方先进法律思想的同时，中华优秀传统法律文化的精华"礼"与"法"的争论也就此告一段落。

1. 汉初"黄老之学"与董仲舒"引经注律"的发展

西汉建国之初，经济凋敝，民不聊生，统治者既要摆脱当前的困境，恢复经济，改善人民生活，又要谨记秦灭亡的教训，吸取经验，避免走上灭亡的道路。于是，继承先秦黄老思想的汉初黄老学说应运而生，将儒、法、道三家杂糅，核心是"无为"，要求统治者顺应自然、因势利导，不可过多干预国家和社会的运行。从百姓层面来讲，这种"无为而治"，反映了人民厌恶战争，渴望平静安宁生活的理想。经过汉初几代皇帝的努力，迎来了其统治历史上的一个小高潮——文景之治，证明了"黄老思想"的现实价值。汉初思想家的这一理论对统治者具有直接而重要的影响，他们将先秦儒家的德刑关系学说结合黄老思想，不仅复苏了儒家思想，更为后世确立了以儒为本的正统法律思想体系。在这一时期，统治者强调德治，用思想教化人民。出于社会现实的需要，为了恢复生产，稳定朝纲，统治者顺应社会发展趋势，德治天下，温润人心。

汉武帝统治时期，前朝战乱的影响已逐渐消失，国力日益昌盛，中原大一统的局面不仅带来了丰富的物质资源，广阔国土面积上不同民族之间的文化碰撞也日益显现。为了加强思想统治，汉武帝采纳儒家学者董仲舒的建议"罢黜百家，独尊儒术"。首先，董仲舒提出的"天人感应"学说，是汉代儒家思想在国家观和政治观上的典型表现，其内涵在于：君主受命于天，又受制于天，君权神授，因而君主对百姓拥有绝对统治权，与此同时，君主又必须要顺从天意行事，代天行事。其次，"德主刑辅"学说则进一步完善了汉代儒家的治国理政思想。董仲舒用阴阳学说解释德刑关系，将德刑生杀与阴阳夏冬相挂钩，用宇宙的运行规律揭示人类社会的统治模式，所谓"阴者，阳之助也"，治国理政即是"刑者，德之辅"①，因而当时德与刑的关系就是德主刑辅，德治优先，法治补充。自此，儒家思想正式成为封建王朝的正统思想。

西汉时期儒家思想作为封建王朝统治者所推崇的正统思想，在看待德行关系上有自己明确的政治倾向，吸纳先秦暴虐统治灭亡的教训，认为"人性本善"，应采"德教"，强调以德育人，重视教化。从另一个角度来看，这实际上也体现了西汉统治者继承西周早期礼治思想，辅之以天人感应学说，实际上也可以理解为神权法的复兴，只不过这里的神权法不再是借助天神来惩罚异端，而是将统治者自身上升为神的替身，是神在人间的代表，将自己的意志宣扬为上天的安排，不服从就是不敬天。无论是汉初的黄老之学还是汉武帝、董

---

① 《春秋繁露·天辨在人》。

仲舒的德主刑辅思想，其根本目的都是为了维护统治秩序，从思想上加固对百姓的束缚。这一时期将德治明显提高于法治，是统治者重视加强思想统治的结果。虽然这一时期法律制度也有较大的进步，但都是为了辅助与统治者的德治，惩罚不服从统治命令之人。因此在这一时期法治与德治的争论算是有了较为正式的结果，即德治优先、法治补充。

2. 清末改制时期的"礼法之争"

光绪二十六年（1901 年），慈禧太后发布"变法上谕"，启动清末新政，试图通过自上而下的变法活动挽救清王朝的统治；光绪三十三年（1907 年）清廷重新组建修订法律馆①，同时任命沈家本、俞廉三等有志之士为修订法律大臣，正式开始修律。这一变法修律活动拉开了中国法律近代化的序幕，西方先进法律文化与中国传统法律文化之间产生了激烈的碰撞，西方法律文化带来的"法治"思想与中国传统专制主义中央集权法律文化下的"德治""人治"展开了激烈的交锋。

其间，众多朝廷大臣与社会中的有志之士纷纷上书，对变法提出自己的建议。张之洞作为礼教派的代表人物，自幼接受中国传统文化的教育，非常推崇中国封建礼教，认为亲亲尊尊、三纲五常是天理所在。作为中国传统社会传承数千年的文化瑰宝，它是天经地义且正确无疑的。即使在考察过西方国家的政治法律制度后，他同样认为"天秩民彝，中外大同"②。他主张学习西方法律文化中优秀的部分，从而完善中国法律，所以要先系统学习中国传统法律文化，即"择西学之可以补吾翻者用之，西政之可以起吾疾者取之"③；同时又坚持"三纲四维之道不可变"④，即中国传统法律文化的根本——"三纲五常"之伦理纲常不可改变。

沈家本作为法理派的代表人物，同样接受过中国传统儒家思想的教育，在交流学习西方政治法律制度后，认为中国没有跟上世界各国进步的步伐，闭关锁国、对外交流减少导致中国与外国之间的差距逐渐增大。他主张变革中国法律要以学习西方法律文化为基础，但绝不可照搬照抄，应融会贯通，"折衷各

---

① 参见李贵连：《沈家本传》，法律出版社 2000 年版，第 248 页。

② 张之洞：《劝学篇·内篇·明纲第三》。参见沈云龙主编：《近代中国史料丛刊》，文海出版社 1989 年版。

③ 张之洞：《劝学篇·内篇·明纲第三》。参见沈云龙主编：《近代中国史料丛刊》，文海出版社 1989 年版。

④ 张之洞：《劝学篇·内篇·明纲第三》。参见沈云龙主编：《近代中国史料丛刊》，文海出版社 1989 年版。

国大同之良规，兼采近世最新之学说，而仍不戾乎我国历世相沿之礼教民情"①。法律是一个国家发展进步的保障，法律的作用应随着时代的发展而发展，面对现在中国落后的局面，必须学习西方法律，改革旧法。

以儒家思想为代表的传统法律文化以"礼治"为核心，重视"德治"，主张运用道德而非法律教化人民，道德的地位要远高于法律。此外，"家天下"的文化传统使得专制主义中央集权下的"人治"成为中国传统社会的主流，统治者的权力和地位至高无上，法律作为统治者的工具，要服务于最高统治者的意志。而西方法律自诞生之初就在强调对个人利益的保护，个人本位的思想与中国家庭本位的思想截然不同。西方法律文化倡导自由、民主、法治。上述理论上的差异必然导致实践结果的不同。但不论是礼教派还是法理派都主张学习西方法律、改革中国法律，只是在具体的改革方法和学习西方法律的程度上存在差异。

通过学习近代欧洲、美国、日本等国的近代法律制度，仿照外国近代法律文本修订清朝律法；通过引进西方先进的法律思想、法律制度、法律术语等内容，制定新式法律，由此产生的中国近代法律典章奠定了中国近代法治的理论基础，更新了先进的法律文化。与此同时，中国古代社会的"礼""法"之争也因此正式宣告结束。

二、中国古代社会"法治"与"德治"的史鉴价值

中国传统法律文化的史鉴价值之一就是法治与德治相结合的思想。在漫长的历史发展进程中，古代中国逐渐形成了法德并举的治国理政模式，法治思想与德治思想相互促进、相互补充，共同成为维护国家稳定、推动国家发展的必然选择，法德共治思想在我国有十分悠久的历史渊源，是中国优秀传统法律文化的重要组成部分，这种思想及其指导下形成的治国理政模式对于中国当代治国理政体系和社会建设策略的构建和运行具有重要的参考意义和借鉴价值，即任何单一方式治理都无法满足治国理政的需要，法律与道德作为治国手段，二者相辅相成、缺一不可。

（一）任何单一方式治理都无法满足治国理政的需要

考察中国古代社会发展历史，统治阶级总是运用某种特定的手段来治理国

---

① 沈家本：《修订法律大臣沈家本等奏进呈刑律分则草案折》。参见黄源盛纂辑：《晚清民国刑法史料辑注》，元照出版有限公司 2010 年版。

家，或以仁德治世，或以律法约束，总是借助于一种外在的治理手段。西周之始，出于巩固统治的需要，也是为了确立自身统治的合法性，首次提出天人合一说，"上天垂青周人"，建立周朝正是因为"殷失德而周有德"①，故而西周灭殷商建国是顺从天意，这一说法蕴涵了德治思想的起源，敬天保民，因而成事。春秋以来，诸侯争霸，百家争鸣，各种不同流派的思想学说交互融合，德治在与法治斗争的过程中逐渐占据了上风，形成了比较系统的德治思想和相对偏颇的法治思想。孔子认为，推行德治可以紧密联系君主与臣民，君主高尚的道德修养可以教化臣民，以"仁"治天下，隆礼而重法。法治能否正确有效的实施，取决于执法者是否有德，能否奉公守法。而法家则主张实行法律专制统治，反对德治，严刑峻法以控制人民。这一争论一直延续到汉代董仲舒将德治推向顶峰，德刑之辩在西汉出现第一阶段的胜负之分，德主刑辅成为统治者所推崇的正统思想，主张德治为主，在德治的前提下，适当运用刑罚，赏功罚罪，德威并用。直至清末修律，礼法之争愈发明显，在国内外复杂社会背景的影响下，法治逐渐占据上风，依法而治成为主流，各种法典律令的不断完善，为实现依法治国提供了必要的理论条件。

由此可见，单纯的法治或单纯的德治并不能真正实现国家的长治久安，必须坚持二者的有机统一，共同作用于国家治理与社会治理。因而，德法关系必须坚持两项原则：第一，立法上的道德入法必要性原则，防止道德过度入法影响法律的规范效力和确定性，防止法律不适当地侵入"良心"这一法律不该进入的领域。第二，司法中的德法分离原则，决不能把"道德要求贯彻到司法审判中"，防止道德绑架司法。② 此两项原则也作为实现德治与法治相结合的必要条件，并非二者的简单相加，而是相互补充的有机结合。

（二）法律与道德二者相辅相成、缺一不可

从以上历史事实中我们可以发现，代表了我国封建社会治国理念的两大流派——儒家和法家在治国理念上既有相似之处又存在不小的差异，二者的争论一直延续至今，究竟是德治优先还是法治优先，在当今社会仍有极大的现实意义。中国古代的法治思想不同于当代的依法治国思想，古代法治带有强烈的人治色彩，统治者出于维护自身统治的目的修订法律、适用法律，这就必然导致法治实践的不完善，因此并不能等同于现代意义上的法治，更不可能真正实现法治社会。此外，中国历来虽有德治的历史传统，但因道德其自身的非强制性

① 《尚书·康诰》。

② 周永坤：《"德法并举"析评——基于概念史的知识社会学视角》，载《法学》2017 年第 9 期。

特点又迫使人们不得不去寻找另外一种能够强令人民服从的治国理念，这就又回到了法治，但法治最终也陷入了人治的泥潭。[①] 因而，人们开始把眼光放在探究二者共同作用的可能性上。

礼法之争的历史告诉我们，在建设中国特色社会主义的过程中，必须要坚持依法治国与以德治国相结合的治国理念。认清历史失败的教训，清醒地认识到，无论道德与法律孰轻孰重，二者犹如车之两轮、鸟之双翼，不可偏废；如果任意偏重其中一个，必然会导致二者相互排斥，其结果必然是失败的。推进依法治国与以德治国紧密结合，重视法治，更不能忽视德治的巨大作用。与此同时，坚持法治与德治相结合也必须要避免人治色彩，建立良法之治，避免任意专断倾向。逐步完善社会主义法治体系，加快建立健全社会主义道德体系，共同作用于社会主义法治国家的建设，早日实现中国式现代化。

中华传统法律文化底蕴深厚、影响深远，其中法治与德治相结合思想的历史传统思想更是中国古代治国理政经验的科学总结。学习法治与德治相结合思想的史鉴价值，必须认识到：依靠强制性法律规范保障社会生活平稳有序进行，维护人民的合法权益；同时依靠人们的内心信仰，通过社会舆论与公众监督等方式在潜移默化中影响社会生活。

三、新时代背景下的"法治"与"德治"

进入新时代，我们必须要始终坚持全面依法治国与以德治国相结合，推进法治中国建设，共同作用于中国式现代化的发展。结合习近平新时代中国特色社会主义法治思想的内涵，发展新时代背景下法治与德治的最新应用模式——中国特色社会主义法治体系与社会主义和谐社会建设。

（一）依法治国与以德治国相结合，共同作用于中国式现代化

新时代要坚持把全面依法治国摆在首要位置。党的十八大明确提出"全面依法治国"这一重大时代课题，自此开启了我国法治建设的新征程，迎来了新时代；党的十八届四中全会作为我党历史上第一次专题研究、专门部署全面依法治国的中央全会，专题研究了全面推进依法治国，并作出相关决定；党的十九大报告把全面推进依法治国总目标写入习近平新时代中国特色社会主义思想中，明确提出了新时代全面依法治国的新任务；党的十九届三中全会决定

---

① 范松仁：《中国古代"德刑之辩"的历史探究和现代启示》，载《宜春学院学报》2004 年第 5 期。

组建中央全面依法治国委员会，推动我国社会主义法治建设发展；2020 年 11 月召开的中央全面依法治国工作会议，明确将习近平法治思想确定为全面依法治国的指导思想；2022 年 10 月召开的党的二十大，报告中也再次强调"加快建设法治社会，弘扬社会主义法治精神，传承中华优秀传统法律文化""坚持法治国家、法治政府、法治社会一体建设，全面推进国家各方面工作法治化"①。

全面依法治国作为完善国家治理体系提高社会治理能力的重要依托，不仅为推进国家治理体系和治理能力现代化指明前进的方向，而且还丰富和发展了当代中国特色社会主义理论，是解决新时期社会主要矛盾的重大战略决策部署。② 必须坚持全面依法治国，建设中国特色社会主义法治体系与法治国家。我国社会主义法治凝聚着我们党治国理政的理论成果和实践经验，是制度之治最基本最稳定最可靠的保障，因此必须坚持全面依法治国。

道德能够在潜移默化中调整人们的行为选择和相互之间的关系，维护社会秩序的稳定。道德作为一种广泛而深刻的精神力量，还是提高人的精神境界、促进人的自我完善、推动人全面发展的内在动力，会随着时代的发展而不断进步，推动人类文明不断向前发展。因而新时代中国特色社会主义道德建设要始终以为人民服务为核心，以集体主义为原则，立足于全体社会成员的普遍需要，引导人民树立高尚的人生价值观。

中国古代社会普遍崇尚德治，高度重视道德的教化作用，统治者以身作则，为政以德，推崇个人价值观于整个社会，从思想上控制人民，在一定程度上倾向于人治，因此，经过历史的检验，单纯依靠德治是无法长久维持社会的有序稳定。与统治集团内部统治思想相挂钩的封建阶级统治终究是无法长久维系的。但是，法治的适用和推行同样离不开社会成员的普遍认同，其归根到底是通过人对法律的遵从来实现的，因此，我们必须要加强思想道德教育，培养人民的法治意识，促使人民自觉遵守法律、拥护法律尊严。法治是对人民最基本的要求，德治则是更高层次的要求，是法治的根基。

（二）法安天下，德润人心

治理国家不仅要讲法治还要讲德治，要高度重视发挥道德的教化作用，把法律的力量和道德的力量、法治的功能和德治的功能紧密结合起来。法治作为我们党带领人民经过艰辛探索确立起来的基本国家治理方式，强调一切要以法

---

① 习近平：《高举中国特色社会主义伟大旗帜，为全面建设社会主义现代化国家而奋斗——在中国共产党第二十次全国代表大会上的报告》，载《解放日报》2022 年 10 月 26 日，第 2 版。

② 姜涛：《开启新时代全面依法治国新征程》，载《检察日报》2017 年 11 月 13 日，第 3 版。

律为准，坚决避免人治。改革开放以来，党深刻总结我国社会主义法治建设的历史经验，确立了依法治国理念，坚持走有中国特色的社会主义法治道路。这一论述进一步深化了"坚持依法治国和以德治国相结合"理念，为党更好地治理国家提供了新的依据，在法治的指导和规范下，重视德治，二者有机结合，共同作用于新时代中国式现代化。

在当今社会，依法治国需要以以德治国为基础。这主要表现在以下几个方面：

一是先进的道德是科学立法的基础，立法又是构建完整法制体系的龙头环节，只有依靠先进的道德规范作为制定法律规范的重要来源，体现道德规范所追求的主要价值目标，才能制定出符合社会发展要求的法律规范。优良的道德规范又是评价法律规范科学与否的重要标准之一，只有符合社会绝大多数人民思想道德标准的法律才能在社会生活中真正得以推行。

二是先进的道德是文明执法的前提，执法又是法律适用过程中最为重要的环节，法律规范作为抽象行政行为，自身不可避免带有一定的模糊性，特别是在惩罚违法犯罪分子时，法律通常只规定一个量刑或惩罚范围，具体的最终处罚结果，则是执法者在衡量自身享有的自由裁量权后作出的，能否恰当地运用这一自由裁量权，则主要取决于执法者的个人道德评判维度，依据本人的道德价值标准，结合对具体事件的认识，在法律规定的框架内选择性适用最为合适的结果。

三是个人道德修养是公民自觉守法的基础，社会中绝大多数人对法律的认同和信仰是法律存在的根本前提，权利作为现代法治的核心，从法定权利转换成为现实生活中的权利，主要依赖于公民的自发意识和自觉意识，依法维护自身权利，不伤害他人及社会的合法权益；与权利意识相对应的义务意识也同样与公民的自发意识和自觉意识相挂钩，依法自觉遵守法律规定的义务，不随意逃避推脱，做自觉守法的合格公民，法治与德治的实现都离不开公民个人的遵循与守护。

与此同时，以德治国也需以依法治国为补充与保障。德治通过提高人民的内心思想道德来修正人民的行为；法治则着力于通过约束人民的外部行为来发掘人民的内心文明。德治着力于强调人民的义务意识、责任意识，法治则重视维护人民的权利，强调人民的权利意识，两者相互配合、相得益彰。只有法治与德治紧密结合，共同作用，才能真正促进中国特色社会主义法治文明的发展，推动建设中国特色社会主义和谐社会。

四、结语

综上所述，在努力建设中国特色社会主义法治体系的过程中，加强对全体社会公民的思想道德教育，提高广大人民群众的思想道德水平与法治观念，为实施"法治"与"德治"相结合提供最广泛的社会基础。培养群众自觉维护法律、遵守法律的习惯，强化社会公共道德的建设，正是践行法治与德治相结合思想最有效的方式。此外，实现经济、政治、文化、社会和生态文明全方位的国家治理目标，都需要法治与德治紧密结合，共同作用。坚持全面依法治国必须要建立和完善社会主义法治体系，只有建构了科学的法律框架，才能在其中填充道德的内容，形成完整的体系结构。以德治国就是要建立健全与社会主义法律体系相配套的道德体系，培养人民高尚的道德情操，构建和谐社会。只有法治与德治相结合，二者共同推动中国式现代化不断向前发展，才能早日实现中华民族伟大复兴的目标。

法治的核心是法律，缘法而治，没有法律，法治就无从谈起；法律的制定离不开道德的约束，科学的法律必须体现绝大多数社会公民所普遍认同的价值观念，若违背人民普遍遵循的道德要求和精神，就很难在社会生活中真正实施法律，也不可能实现真正的法治。因此，必须将依法治国与以德治国相结合，同时发挥法治与德治的双重作用，既重视法律对人民日常行为的规范作用、对违法犯罪行为的强制约束惩罚作用，又要重视道德对人民内心思想上的教化、滋养作用。明确中国特色社会主义法律制度对思想道德建设的促进作用、先进的思想道德对构建特色社会主义法治文化的支撑作用，二者相辅相成、取长补短，为实现中国式现代化而不懈奋斗。

（责任编辑　何丽琼）

《南开法律评论》征稿启事

《南开法律评论》自创刊以来，一直秉持"知天下服务天下"的南开传统，坚守繁荣法学学术与服务法治的社会责任，为读者提供更好的学术交流平台。本刊诚挚面向学界同仁长期征稿，具体要求与程序如下：

一、栏目设置

本刊聚焦于法治发展中的经典理论命题和重大实践问题。文章体裁不限，学术论文、案例评析、法学书评、翻译作品等皆可。本刊下辟"主题研讨""各科专论""判解研究""学术动态""域外法治""时论书评"等栏目。

二、征稿对象

法学研究人员、法律实务界人士及广大青年学子。

三、稿件要求

1. 来稿文责自负，作者应确保其作品不侵犯他人或组织的著作权。本刊所载文章观点均属作者本人，不代表编辑部或主办单位的观点。

2. 字数以 20000 字左右为宜，重复率通常不超过 15%。

3. 论文类稿件需另附中英文摘要和关键词；书评类稿件请附所评论著作名、作者名、出版社、出版年份等信息；译文类稿件请附原文及作者或出版者的授权证明。

4. 稿件注释体例请参考《法学引注手册》。

5. 为保证刊物质量和用稿公正，本刊实行双向匿名审稿制度。由教师责编与学科专家审稿。

6. 本刊欢迎专稿专投。凡专稿专投稿件，本刊将在 10 个工作日内反馈初审结果。

四、投稿方式

1. 请将电子版投至编辑部邮箱：nklawreview@163.com，邮件主题以"文章题目＋姓名＋手机号"命名。

2. 请务必在邮件中注明稿件联系人的姓名、工作单位、通讯地址、电话、邮编等详细联系方式；在审稿期间请保持通讯畅通，方便进行稿件修订。

3. 本征稿长期有效。

《南开法律评论》编辑部

2023 年 5 月 6 日